Um Chamado Divino

Marcia de Castro Soares
pelo Espírito Bernard

Um Chamado Divino

Aliança

1ª edição, 1ª reimpressão, janeiro/2012, do 6º ao 8º milheiro

---

Título
Um Chamado Divino

Autor
Marcia de Castro Soares

Revisão
Arlete Genari

Diagramação
Felipe Rennó Martins

Capa
Sonia Maria da Silva

Impressão
Rettec Artes Gráficas

Ficha Catalográfica

Dados Internacionais de Catalogação na Publicação (CIP)
— Câmara Brasileira do Livro | SP | Brasil —

Bernard (Espírito).
Um chamado divino / pelo espírito Bernard;
[psicografado por] Marcia de Castro Soares.
São Paulo : Editora Aliança, 2011.

ISBN: 978-85-88483-71-2

1. Espiritismo 2. Psicografia 3. Romance espírita
I. Soares, Marcia de Castro. II. Título.

11-11762 CDD-133.9

Índice para catálogo sistemático:

1. Romance espírita psicografado : Espiritismo 133.9

Editora Aliança
Rua Major Diogo, 511 - Bela Vista - São Paulo - SP
CEP 01324-001 | Tel.: (11) 2105-2600 | Fax: (11) 2105-2626
www.editoraalianca.com.br | editora@editoraalianca.com.br

SUMÁRIO

introdução

Graças a Deus, trago a público meu primeiro livro com o auxílio do Espírito Bernard, que conta a breve trajetória de um homem na vida terrena, seu desencarne, aprendizado e cooperação na Espiritualidade. Depois seu projeto reencarnatório, com conhecimento de algumas vidas passadas, opção pela mediunidade tarefa e estágio no âmbito da comunicação mediúnica para essa vida futura.

Numa reunião de estudos de *O Evangelho segundo o Espiritismo*, obra do codificador Allan Kardec, recebi a inspiração para escrever mais uma mensagem como sempre acontecia, mas desta feita, meu mentor no seu estilo peculiar falava-me:

“Que a Paz de Jesus esteja em teu coração, minha filha, porque só um coração em paz pode realizar a tarefa que pretendes. Direi mais, sem paz não poderás realizar coisa alguma em proveito próprio ou de outros irmãos. Faz-se necessário esclarecer que estamos observando tua vontade de servir e tua disciplina. Não estás aqui por acaso ou mero capricho. De há muito precisava dizer-te que estás mesmo incumbida de uma tarefa deste porte, porém tivemos que aguardar o teu momento de, preparada, colocar mãos à obra. Já faz tempo que tuas escritas eram somente exercícios mediúnicos. Eram de cunhos diversos, para que desenvolvesses o melhor estilo, o melhor tema, para que te tornasses instrumento adequado. Digo, pois, que estás no momento com a aptidão certa e segura para apreender um conteúdo fácil, para que o trabalho não te sobrecarregue. Não nos importam as condições de escrita, nem quanto tempo tens para tal empreitada.

Filha, cresce para Deus, para realizações de amor, para mim e para todos que te amam".

Marcia de Castro Soares

Benedito e Florinda

Capítulo 1

Nas cercanias de Matão, no Estado de São Paulo, havia um homem que morava em uma situação muito pobre junto à sua numerosa "família de dois machos e seis fêmeas", assim ele contava, evidenciando oito bocas para ali comer, tudo vindo do seu trabalho.

Trabalhava a terra, e dela tirava o seu sustento com hortaliças, legumes e frutas. Um poço junto ao casebre e outro mais distante, servindo para saciar a sede na roça e se lavar, quando o calor estava forte.

Naquele vai-e-vem de todo dia, o caminho era muito conhecido, dando tempo de observar o progresso da plantação, uma florzinha aqui, outras no dia seguinte, o fruto que aparecia pequenino, até o dia de colhê-lo.

A terra era muito querida, porque respondia ao trabalho de suas mãos; o que plantava ali germinava, como um pão nosso de cada dia.

A vida que levava não era estimada, mas outra maneira de viver não o sabia.

Foi há alguns anos que conheceu uma rapariga, e lá nas redondezas era difícil ver menina tão formosa com olhos para ele. Daqueles olhares, daquelas palavras que trocavam assim meio sem jeito, um dia se deram as mãos e, sorrindo assim juntos, resolveram se casar.

Parecia coisa de desconhecidos, que estão apaixonados por simples interesse físico, mas não era.

Quando seus olhos se encontraram, um e outro relembraram das suas promessas, antes mesmo de na Terra reencarnar. Foi o brilho daqueles olhos que trouxe o sentimento de certeza, de confiança de que estavam no rumo certo. Não, eles não recordaram nem uma palavra sequer do que haviam dito um para o outro em muitas conversas, no plano espiritual. Sentindo aproximar-se a oportunidade de mais uma vida terrena, trataram de escolher uma programação reencarnatória em que pudessem com sucesso vivenciar as experiências mais interessantes, para o próprio aprendizado e aprovação de Deus.

Quiseram de pronto ser pobres, muito pobres. Trabalho sem restrição, para valorizar o tempo. Aceitaram a companhia de algumas criaturas, cada qual com certas particularidades que evidenciavam a necessidade de estarem juntos – seus futuros filhos.

Também não podemos esquecer que naquelas redondezas, onde tudo era muito distante, só mesmo Deus para colocar um na frente do outro.

Naquele tempo ele vivia sozinho, e conseguiu se casar de maneira espantosa. Na época trabalhava para o Seu Quinzinho, que se tornou herdeiro do pai na administração da fazenda e mais alguns bens. Porém o moço que estudou na cidade, não queria saber das terras, e para não fazer muito alarde disse, na cidadezinha, que iria fazer um curso na Europa e depois voltaria para tomar uma resolução. Tendo Quinzinho gente de confiança em sua fazenda, o trabalho prosseguia com lucro suficiente para a vida dele e da viúva.

Mas tendo ainda outros bens e receando a ação de alguns posseiros afoitos, escolheu Benedito para cuidar das terras de Matão. A terra era mato só e não foi exigido dele qualquer produção, pois não se podia deixar de duvidar que ele não sobreviveria ali.

Bastou assinar um papel com um rabisco, porque ele mal assinava o nome, mais uma impressão do polegar para confirmação, e ele se fez arrendatário para próprio uso, durante vinte anos apenas com a obrigação de impedir que outros ali viessem a fazer morada.

Foi então que apareceu Florinda, filha de outro empregado da fazenda; a moleca, quase na hora da mudança, deu de retribuir ao seu olhar matreiro.

E como ver de novo a moça, se ele estava dando um jeito de viver naquele mato? Não tinha para onde ir e aceitou de bom grado aquele lugar, onde ele pudesse ficar como lá o quisesse.

Não tinha levantado nem uma estaca para a moradia e já sonhava casar-se. O jeito era trabalhar depressa, senão teto não teria, e uma casa um bocadinho maior para os dois ficaria melhor.

E ela aceitou. Ainda ajudou a levantar a casa, que era de dois cômodos grandes, a cozinha e o quarto; não queriam coisa melhor que isso, que já conseguiram.

A casinha de sopapo, bambu e barro ficou tão linda para aqueles dois que eram só amor.

Veio logo o primeiro filho. Depois não parou mais de vir um filho atrás do outro. Depois de alguns anos, com tantas bocas pra comer, Benedito tinha que trabalhar agora o dia inteiro. Começava com o alvorecer, descansando um pouco depois da boia, e trabalhando depois à tarde, até quando o sol se punha.

O tempo passa, e passa também aquela alegria dos primeiros anos. Os filhos, com suas travessuras infantis e dando muito trabalho, já tiravam o tempo de Florinda, que ficava só no fogão. A lenha que ela rachava, a água que carregava, o fogo que acendia, a massa de pão que sovava, já nem tudo isso conseguia mais, pois estava sempre com uma criança no colo.

Tão cedo ainda, as crianças já ajudavam na casa, fazendo tarefas que as da cidade não fazem nessa idade. Puxar água do poço, acender o fogão à lenha, botar comida no fogão, carregar cestos cheios de roupa, esfregá-las com suas mãozinhas pequeninas, varrer o quintal e dar alimento para a criação.

Um irmão ajudava o outro com ânimo, porque sabia que era pesado, um sozinho não o faria. Um irmão podia contar com o outro, porque eram todos por todos, para sua sobrevivência e proteção. Assim, um sentimento bonito ia desabrochando no coração de cada um, como uma flor de bem querer, que abre de mansinho, lá no fundo da alma.

Num daqueles dias de harmonia, entretido nas tarefas do dia, Benedito avisa que precisa ir à cidade para vender algumas galinhas e comprar querosene, sabão, enxada e outros materiais de necessidade.

Lá se foi com a carroça de um amigo, que também ia a negócios. Encostada a carroça numa viela, eles seguiram a pé, cada um para o seu lado.

Benedito vendeu facilmente as aves; quem não compraria galinhas caipiras tão gordas? Foi contente e distraído quando, atravessando a rua, se viu jogado longe ao chão, onde caiu estatelado e sem jeito pois nem teve tempo de se levantar. Uma imensa roda de caminhão passou-lhe sobre o pescoço.

Benedito morreu na hora.

Notícia ruim chega logo em casa. Florinda ficou aflita, as crianças maiores choravam e as menores tinham medo, sem saber o que acontecia.

O tempo lava e leva aquele aperto da aflição; uma coisa só era certa: o trabalho continuava, agora muito mais pesado.

As crianças ficavam em casa, enquanto Florinda cuidava da roça, o dia todo. Quando à noitinha chegava em casa, tinha seu prato pronto guardado, mas o cansaço era tanto, que muitas vezes dormia sem comer.

Naquelas paragens, ouviam-se os pássaros, o vento, o machado na lenha, algum choro de criança que era logo entretida com qualquer coisa. Não havia gritos, queixas, atitude alguma de revolta. No entanto, ninguém cantava, sorria ou agradecia a Deus.

a vida continua

Capítulo 2

Benedito sufocou-se rapidamente com aquele peso na garganta, pareceu explodir a cabeça com uma dor que lhe deu mais forças para sair dali, com muito esforço, em sangria desatada.

Sentiu-se todo sujo de sangue; cambaleante, seguiu até à carroça, que estava estacionada; a cabeça doía, queria deitar-se um pouco para ver se melhorava. Tinha de esperar o amigo retornar. Ficou quietinho, dormiu, até em sonho sentia dor, mas foi acordado pelo amigo, que apressado subiu na carroça, açoitou os cavalos e partiu sem uma palavra.

Passando perto de uma aglomeração de gente, o amigo fez o sinal da cruz. E murmurou: "Deus o tenha!"

Um conhecido fez sinal para ele parar e perguntou: "Você quer que eu lhe acompanhe até à casa da viúva?" E ele respondeu sincero: "Se você fizer esse favor, eu lhe agradeço. Vai ser muito difícil".

Benedito quis saber o que acontecia ali, ao que tudo indicava alguém havia morrido, talvez por ataque do coração, porque não viu indício de nenhum perigo.

Não foi até lá verificar, porque o susto que levou com o tal caminhão, que do mesmo modo que apareceu de repente também sumiu, lhe deixou com dor não só na cabeça mas pelo corpo todo.

Agradeceu a Deus por estar vivo, depois do acidente que poderia ter lhe matado, e pensou que dirigir um caminhão grande daqueles deveria ser muito difícil, parece que o motorista nem viu ele, e se viu ficou tão assustado, que fugiu em seguida. "Coitado, o motorista carrega a culpa de ter machucado alguém, não é fácil ter um caminhão daquele", Benedito matutava.

Em seguida Benedito perguntou:

— Vocês conhecem quem morreu? – porém os companheiros na carroça não responderam.

Fez outras perguntas e nada. Benedito contou que foi pego por um caminhão, mas Deus o salvou de morrer agora, porque tem em casa muitas bocas para sustentar. Mostrou algumas marcas no corpo, da pancada que o levou ao chão, e verificou que a cabeça não sangrava mais.

E nada, nenhum dos dois queria conversa.

Na verdade, o cansaço tomou conta de Benedito, e ele ficou quietinho na viagem.

Estava já quase chegando em casa, quando lembrou que o acidente que ele sofreu foi no mesmo local daquele povo todo lá reunido na rua. Devia ter ido ver se aconteceu algo parecido com o que ele sofreu. "Será que o caminhão maldito passou em cima de outra pessoa, e esta não resistiu?"

Precisava saber do assunto e, nem mesmo acabou de pensar nisso, como é que pode, lá estava sentado sobre a calçada da rua. Levantou-se e foi espiar, mas não viu nada e ficou sabendo que o corpo já havia sido levado. "Nosso Senhor Jesus Cristo abençoe essa criatura, e o tenha em bom lugar no céu", murmurou com sinceridade.

Benedito saiu andando, estava cansado, mas continuou caminhando. Avistou a igreja da cidade, convenceu-se de que o melhor a fazer àquela hora seria rezar um pouco.

Chegando lá, ajoelhou-se. Não sabia de fato rezar, mas ali ficava, certo de que Deus sabia que ele estava ali.

Um padre aproximou-se sorrindo.

— Benedito, que prazer rever-te! Acaso não te lembras deste teu amigo?

Benedito olhou para ele, não lembrou quem era, não tinha o hábito de ir à igreja. Parecia que o padre era alguém familiar. Seu sorriso trazia um carinho, e continuou dizendo:

— Vamos dar uma passadinha de emergência na sacristia, para vermos como estás, depois de tudo o que aconteceu? – o padre apontava para uma entrada ao lado de um altar.

Benedito não quis fazer-se de rogado em não aceitar. Seu corpo aceitou, apoiou-se de braço dado com o padre e seguiu para a sacristia, lá dentro Benedito ficou boquiaberto. Como o lugar era lindo! Havia alguns doentes em camas limpinhas, as roupas branquinhas que davam até dó de usar. As janelas davam para um grande jardim muito bonito. O lugar era silencioso, ninguém gemia de dor e havia uma música bonita, que não sabia de onde vinha. Lá dentro parecia um hospital, sentiu-se calmo querendo agora ali ficar.

Florinda, à tardinha, chegava em casa cansada da roça. A criançada vinha apanhar de suas mãos o que ela colhia durante o dia. Ainda à noite, junto ao lampião, ela fazia, um dia sim um dia não, a massa do pão. As crianças assavam o pão no dia seguinte e a cabrita "Bonita" dava conta de oferecer o leite. Florinda também ajeitava o que precisava para a sopa do dia seguinte, que não tinha hora de ficar pronta, porque dependia da destreza das crianças.

Entre seus filhos havia um único varão, o primogênito, e uma escada de meninas. Ele tinha 12 anos e daí dá para imaginar a idade das meninas; a caçula estava com cinco anos.

Em pouco tempo, Florinda precisou levar algumas galinhas para vender na cidade. Se não se apressasse, perderia a freguesia de famílias acostumadas a comprar suas galinhas, que modéstia à parte, eram de qualidade.

Aquele amigo do Benedito, que tinha uma carroça, Leotério era o seu nome. E amigo que é amigo não podia deixar de fazer o mesmo, conduzindo agora a viúva até à cidade, cada qual cuidando do seu negócio. Na mesma viela, como de costume, amarrou a carroça e combinou o horário do encontro, quando o sol estivesse a pino, para a viagem de retorno.

Após as vendas e compras Florinda dirigiu-se para o local do encontro, e lá já estava o senhor Leotério aguardando-a. Aproximando-se, Florinda pediu desculpa por fazê-lo esperar, porque não queria empatar todo o tempo dele, mas demorou mais do que foi preciso, porque todos que conheciam o seu marido faziam um e outro comentário sobre o falecido.

— A ferida fica quieta se ninguém tocar – murmurou ela, enxugando uma lágrima no canto do olho.

Seu Leotério não entendia se ela chorava porque sofria, ou porque Benedito fazia falta. Queria descobrir um pouquinho mais, e vendo que ela trabalhava muito, resolveu se oferecer para ajuda-lá.

— Dona Florinda, a senhora luta com muita coragem nesta vida. Não ouvi uma só murmuração, mas seus filhos são pequenos e a senhora, sendo uma mulher, precisa de alguém para o trabalho pesado. É só falar quando precisar de ajuda, porque tenho empregados que podem em pouco tempo conseguir o que a senhora levaria muito tempo sozinha.

— Eu sei que o senhor é um amigo sincero do Dito, sei que posso contar com o senhor, mas não sou de abusar não, enquanto Deus me der forças eu vou lutando.

— É, mas se as forças vierem a faltar nos braços, aí a situação pode piorar, não é? A gente tem que remediar a situação, sempre antes de ela piorar.

— É bem verdade o que o senhor diz. Os meus filhos me ajudam e o mais velho já está um homenzinho. A minha preocupação é que ele é muito novo para cuidar sozinho da roça, então ele está cuidando mais dos serviços da casa e das irmãs.

— A senhora que me desculpe, mas ele precisa cuidar da terra bem cedinho na vida, pra ir tomando gosto.

— Se eu levar o menino para a roça, deixo as meninas menores sozinhas, e isso é perigoso.

— Não sei não, lugar de mãe deve ser junto dos filhos pequenos.

— Se Deus quis assim, que posso fazer? Não vejo meus filhos o dia inteiro, às vezes fico olhando aquelas carinhas de anjo, quando estão dormindo. E sabe que eles estão crescendo depressa?

Assim a conversa foi indo, foi indo, até que ela chegou em casa e seu Leotério nem desceu, seguiu ao seu destino sem demora.

Benedito dormiu muito e ficou sabendo que descansou muitos dias. Estava desperto, porém sonolento; se não ficasse atento, dormiria outra vez.

"Que folga é essa a minha? Florinda não se deu conta de que não voltei para casa? Está certo que já contei para o amigo Leotério, que sofri um acidente e quase morri, mas isso não é motivo para ficar fora de casa tanto tempo. Além do mais, eu não vejo em meu corpo nenhum arranhão do que aconteceu, e até parece que foi um sonho, um sonho muito ruim" – assim ele pensava.

Benedito não se cansava de olhar o lugar em que se encontrava, que na verdade não podia chamar de hospital, mas havia médicos e enfermeiros. E nada tinha do que se esperava ver numa sacristia.

Quis se levantar para ver se o jardim estava lá mesmo ou se isso era um sonho. Ficou um pouco tonto e pensou que era fome. O jardim estava lá e, agora mais descansado, parecia-lhe mais bonito do que quando o avistou pela primeira vez.

Benedito não sabe quanto tempo ficou naquela janela, mas ficou uma hora inteira só olhando e pensando "que trabalho bonito, grama verdinha, trepadeiras, arbustos com flores, tudo tão bem arranjado", de maneira que ele nunca teve uma ideia parecida para fazer na sua terra. As árvores tão robustas, tão verdes e tão convidativas, que sentia uma vontade de recostar sentado embaixo de uma delas.

Benedito estava assim tão embevecido que nem viu o padre chegar e dizer:

— Benedito, tu gostarias de passear no jardim e conversarmos um pouco, sentados sob aquela árvore? – e apontava o lugarzinho.

Ele encheu-se de ânimo, queria mesmo ir até lá. Precisava saber de algumas coisas, nada melhor do que conversar com o padre amigo. Em resposta falou:

— Nunca vi um jardim tão belo, nada está morrendo, acho que as pessoas que trabalham, para cuidar desse jardim, são muito zelosas e de muito bom gosto.

— Benedito, há um jardineiro só e todos nós mantemos o jardim sempre bonito.

— Mesmo quando as pessoas não judiam da Natureza, ainda assim é trabalhoso cuidar de tudo e saber como tratar cada planta.

— Ele sabe, Benedito, se não o soubesse não seria Deus.

— Deus cuida, é verdade, mas o homem precisa ajudar.

— É isso que todos nós fazemos, ajudamos a Deus, primeiramente compreendendo as leis da Natureza.

Benedito ficou meditando, depois perguntou:

— O senhor sabe, sempre lidei com a terra, mas nada sei sobre as "leis" da Natureza.

— O padre sorriu e pacientemente explicou:

— Os homens todos os dias estão lidando com as leis da Natureza. Agora é preciso compreendê-las.

— Sou sem as letras, o senhor padre já é um homem letrado, mais inteligente.

— Tu és muito inteligente, sei que logo vais compreender as leis da Natureza que foram criadas por Deus.

— Sei, padre, que as plantas não podem viver sem boa terra e água limpa.

— O homem também não vive sem o alimento e sem água. Que mais a Natureza precisa, Benedito?

— A plantação e os homens precisam de ar para respirar, senão não vivem.

—Estou gostando de ver o teu raciocínio, Benedito! O que mais? – Benedito ficou matutando e disse:

—Vêm as pragas que acabam com elas, isso não se pode esquecer.

— Tu conheces o que é praga na plantação e na vida dos homens?

O que seria uma praga na vida dos homens? Benedito perguntava a si mesmo e procurava a resposta. Matutou um pouco e depois falou:

— Praga é a morte de tudo.

— Benedito, uma planta morre aqui, depois ela nasce ali. Deus dá muitas oportunidades para ela nascer, viver, morrer e nascer outra vez.

— É mesmo, pensando assim... – então o padre continuou:

— Uma planta nasce com a chuva, que vem germinar a semente em terra dura. Depois ela pode morrer, porque a vida tornou-se seca. Outro dia ela nasce na beira do rio tendo água fresca e terra boa – logo Benedito arrematou:

— É, mas pode ser arrancada dali quando vem uma inundação.

— Para Deus o que importa é que, a cada vida, ela cresce mais forte, conhece mais a Deus, procura a luz do Sol com mais vontade.

— É, pensando assim, o senhor pode estar certo.

— Já viste alguma plantinha, que vence todas as dificuldades para crescer, faça chuva, faça sol; é alguém que lhe pisa em cima, outra planta que lhe toma o terreno, mas ela vai silenciosa buscando sempre a vida?

— É mesmo, pensando assim, tem planta que não se deixa abater, tem coragem de subir e se firmar no chão.

— O que tu achas que lhe dá essa força? – o padre levantou as sobrancelhas e de boca aberta aguardava uma resposta de Benedito.

— Ora, tudo isso é Deus!

— Bravo, meu irmão! Estás a conhecer uma lei de Deus. Tudo nasce, morre, nasce outra vez na Terra – o padre sorria.

— Nunca pensei nisso antes...

— É preciso pensar para compreender Deus. Aquele que blasfema, não aceitando a vontade divina, nunca parou para pensar o que Deus lhe fala.

— Deus não fala comigo, mas estou compreendendo o que o senhor está querendo me dizer – Benedito falou sério.

— O corpo humano, uma das mais belas criações divinas, também morre, mas um dia pode nascer outra vez na Terra.

— É, pensando assim... Parece certo o que o senhor diz, mas nunca vi alguém voltar depois da morte.

— Quando uma planta já grande morre, e ela nasce outra vez, ela não renasce grande. Novamente ela vai passar por todo aquele ciclo de vida: nasce, cresce, tem vida útil, depois morre, mas continua a viver, porque só sua forma material é que perdeu a vida.

— Então ela não morre, padre! Só aquela formação na terra foi que morreu?

— Isso mesmo. Ela tem uma vida eterna, porém nasce e morre na terra muitas vezes.

— Padre, a nossa vida também é assim? – Benedito aguardava uma conclusão.

— Claro, Benedito. O homem tem muitas vidas na Terra. Em cada uma delas, ele vem com um corpo diferente. Se o corpo por algum motivo morre, o Espírito continua vivo.

— Todo homem tem um Espírito?

— Todo homem é um Espírito! Tu que pensas, que falas, que sentes, és um Espírito. Tu, em teu corpo de carne, ou fora dele, sempre é um Espírito.

— Então um homem morto é o quê?

— É simplesmente uma forma de carne, porque o Espírito não está mais ali.

— Nunca pensei nisso. Se eu morrer vou continuar vivo, e só o meu corpo vai morrer. Estou certo?

— Certíssimo.

— Hoje em dia, quando as pessoas perdem alguém querido choram, porque pensam que ele morreu mesmo.

— Quando se morre, perde-se o corpo. Ele se estraga e vira pó. E a família, não compreendendo o fato, sente que "perdeu" quem ali morreu. No entanto, ele pode renascer e voltar a ficar pertinho daqueles a quem ama como dantes.

— E isso é possível mesmo, padre?

— Claro que é possível, para Deus tudo é possível.

— Padre, com muito respeito, o senhor está me explicando e estou entendendo, mas dizem que o padre da matriz fala que todos nós vamos para o Céu ou para o Inferno.

— Sim, meu irmão, os padres, os pastores, os dirigentes de todos os cultos religiosos são seres humanos, ou seja, seres falíveis, que podem errar na sua interpretação sobre as verdades de Deus.

— Padre, eu não tenho o hábito de ir à igreja, mas respeito todos os padres e as freiras que também para mim são santas criaturas.

— Sim, dentre elas encontramos criaturas que se dedicam a ensinar e exemplificar os ensinamentos de Jesus, porém todos ainda não são santos, ainda precisam se aperfeiçoar diante dos olhos de Deus.

— Ainda bem que eu e minha família não frequentamos a igreja. Agora vou falar isso para Florinda.

— Sua mulher um dia há de entender isso com naturalidade, mas agora ainda não.

— Eu e Florinda, às vezes, sem conversar, já entendemos um ao outro.

— Benedito, às vezes um e o outro querem tanto a paz e harmonia no lar, que um não discorda do outro. Isso é muito bom. Mas, há certos casos em que é preciso provar se realmente se compreende sobre o que se concorda ou discorda.

— Já sei, Florinda é muito boa para mim e para nossos filhos, ela fica calada e concorda com tudo.

— Será que ela concorda com tudo, mesmo? Quando ela se vir sem você, terá que decidir sozinha sobre o que realmente concorda ou discorda.

— Padre, ocorre o seguinte, quando eu decido fazer alguma coisa, ela me ajuda.

— Excelente, ela sabe te apoiar, ajuda-te a confiar em si mesmo. Só quem ama pode dar ao companheiro essa tranquilidade.

— É, mas não que eu queira, acho que nunca deixei ela decidir sobre coisa alguma.

— Sempre chega esse momento! Deus está sempre oferecendo oportunidades para seus filhos crescerem.

— Preciso falar com Florinda...

— Agradeça a Deus, meu irmão, por teres tido uma companheira resignada, trabalhadora, passiva e doce.

— Ter tido... Ela vive, padre! E por falar nela, a prosa está muito boa, mas ela já deve estar preocupada comigo.

— Aonde tu vais?

–Pra casa!

–Posso acompanhar-te até tua casa?

— Se o padre não reparar, é casa de pobre, mas...

— Obrigado, Benedito, terei muito prazer de ir contigo. E, se precisares de mim, estou à tua disposição.

— Então vamos apressar o passo, eu já me demorei demais. E tudo por causa daquele caminhão que me estragou o dia.

—Tenho certeza de que já perdoaste aquele motorista! O que aconteceu foi sem ele querer.

— Claro. Quem sou eu para julgar. Nem sei tocar um caminhão daqueles!

— Benedito, tu estiveste conosco durante muito tempo, não calculas o tempo em que estiveste em repouso.

— Padre, este lugar é lindo, eu me sinto muito bem aqui. E se não me fosse ter oito bocas pra comer lá em casa, eu ficaria aqui para sempre.

— Pois aceite o nosso convite e fique conosco, Benedito. Sei que tu não podes decidir isto agora, mas mantenho o convite, certo?

— Muito obrigado, nunca vou esquecer disso, mas tenho de voltar para minha labuta de todos os dias.

Eles seguiam a pé, e a conversa ajudou a passar o tempo tão rápido, que já estavam no caminho perto de casa. Benedito observava, pela primeira vez, algumas mudanças feitas recentemente. O caminho que antes era para passar uma carroça de cada vez agora estava mais largo, e ele soube pelo padre que ali havia passado um trator.

Reparou que outras casas estavam sendo erguidas nos terrenos vizinhos, e ficou de boca aberta com tudo isso.

— Ora, ora, tudo está tão diferente por aqui! Será que dormi tanto assim na sacristia?

— Benedito, a sacristia é a porta de entrada para um pronto-socorro espiritual. Tu estás recolhido no Lar São Germano. Lá se encontram os Espíritos que retornam a Deus. E permanecem ali ou em outro lugar, temporariamente, para se preparar melhor para uma outra vida.

— Eu?

— Sim, tu também. Todos nós podemos trabalhar em benefício do próximo, até sermos chamados a renascer na Terra.

— Padre, mas eu estou vivo!

— Claro que está!

— Meu corpo também está aqui comigo.

— Observe bem. Teu corpo está igual ao teu corpo de carne?

— Bem, no corpo eu tinha muitos arranhões e machucados. Talvez eu fiquei lá até sarar. Não tenho marca nenhuma no corpo, sobre aquele acidente.

— Benedito, olha para mim!

— Estou olhando, padre.

— Eu sou um Espírito! Venho à Terra de visita, mas não tenho o corpo de carne.

— Que está acontecendo, meu Deus? – Benedito olhou para o céu de olhos arregalados.

— Calma, sempre foste tranquilo e inteligente.

Benedito estava com os olhos rasos de água que piscavam teimosamente para as lágrimas não caírem. Olhava para o padre, depois para seu corpo e para o Alto novamente.

Com ternura, desde o início, o padre queria esclarecê-lo, para que este momento não o chocasse tanto.

— Somos eternos, lembra-te? – ao que Benedito assentia com a cabeça, mas sem uma palavra. O padre continuou:

— Estás mais vivo do que nunca! – sorriu, bateu-lhe nos ombros e continuou:

— Dize-me que tu te sentes vivo, dize-me!

Benedito assentia com a cabeça, as lágrimas que reteve tanto agora rolavam em silencioso pranto.

—Tu não tens mais que voltar à tua labuta e podes ficar conosco no Lar São Germano e aprender muito.

Em meio às lágrimas, Benedito deu um meio-sorriso acanhado. Depois franziu a testa sem nenhum ar de festa e perguntou:

— E Florinda, com tantas bocas?...

— E Deus, Benedito? Acaso Ele vai abandonar a tua família? Tem fé, homem, que tudo há de se arrumar! Além disso, em melhores condições, tu poderás auxiliá-los, sempre que possível, conforme a permissão de Deus.

— Ah, padre! Se eu soubesse que sairia tão cedo daquela vida... Deixei tanta coisa para ainda fazer... Florinda com os filhos ficou muito desamparada!

— Ela é uma mulher muito corajosa, e não lhe faltarão forças para cumprir o projeto reencarnatório.

— É mesmo! – disse Benedito, enxugando as lágrimas com o dorso das mãos. –Agora me lembro da responsabilidade que tivemos sobre as nossas escolhas, num projeto feito antes mesmo de nascer na Terra.

— Tudo se cumpre agora, tu lembras bem?

— Não me lembro de tudo, mas uma escolha foi certa: não queríamos muitas facilidades materiais, para não ficar de corpo mole e a cabeça vazia, sem fazer nada, o que seria muito perigoso para nós.

— Muito bem, assim foi providenciado.

— Ah, e também precisávamos construir alguns relacionamentos que foram abalados e outros destruídos em vidas passadas.

— Muito bem. O exemplo do trabalho e a aceitação dos filhos contribuem para a realização de parte do programa.

— Puxa, se não fizéssemos isso, o que seria de nós? Pedimos a Deus uma outra chance, para mostrar que não queremos mais errar.

— A vida é uma constante escolha.

— Padre, eu fui tão animado, será que já era hora de voltar para cá? – Benedito já mencionava que onde se encontrava era o seu local de origem.

— Benedito, voltaste para tua verdadeira vida, de onde tens outra visão de tudo!

— Quero ver como eles estão! – Benedito, num impulso, deu passos largos para continuar a caminhada.

— Calma, Benedito, é muito cedo para ti. Agora mesmo ficaste sabendo de tua morte, precisa acomodar melhor a ideia...

— Eu morri naquele acidente com o caminhão, não foi?

— Sim.

— E fiquei pensando que me salvei da morte!

— Sim, foi isso mesmo.

— Eu quase cheguei em casa, logo depois da minha morte, mas depois não deu certo.

— Eu te chamei, meu filho!

— Não ouvi seu chamado, não.

— Chamei tua atenção para o local do acidente e depois para a igreja, para que pudéssemos auxiliar-te.

— Seu Leotério nem me viu na carroça.

— Os homens com os olhos da carne não conseguem ver os Espíritos.

— Cruz credo! Eu sou um Espírito?

— Nós somos.

— Algumas pessoas pensam que os Espíritos são demônios – Benedito lembrou-se de algumas conversas que, sem querer, escutava.

— Julgam o que não conhecem de fato. Os homens maus, violentos, cruéis, quando morrem não se tornam santos, continuam maus e até merecem o título de "demônios".

—Tenho certeza que não sou um demônio, padre!

— Eu e todos que te amamos sabemos disso!

— Padre, eu gosto muito do senhor.

— Eu também gosto de ti há muito tempo.

Conversavam e os ânimos iam se acalmando, neste dia tão especial. Rever Florinda e cada um dos filhos sem que eles pudessem vê-lo seria um acontecimento nunca visto e inesquecível.

visitas ao lar

Capítulo 3

Chegaram até a cerca que definia as terras daquele lar.

Nunca se aproximou de casa tão emocionado e ansioso para vê-los. Ambos se entreolharam sem uma palavra, mas com um brilho de coragem.

Benedito entrou. Fazia muito calor. Junto ao poço, uma filha lavava o rosto e as mãos com água no balde para refrescar-se um pouco. Ao aproximar-se, ela estremeceu com um punhado de água fria em suas mãozinhas e nada mais.

Ele entrou na casa. A filha maiorzinha subia sobre um tronco deitado no chão da cozinha, perto do fogão a lenha, para alcançar a visão da boca do caldeirão. Ela cozinhava a sopa. Por um momento, ajeitou a lenha no fogão, assoprou as brasas, imitando seu pai. Aquele gesto exprimia que ela pensava nele.

Duas meninas dormiam e ele não se aproximou. A caçula estava no chão com um pedaço de pão, estava muito suja também. Benedito agachou-se para olhá-la, na certeza de que ela não o veria, no entanto ela disse naturalmente:

— Venha brincar comigo, venha logo.

— Eu? – surpreso ele perguntou.

— Você não quer brincar, não?

— De que vamos brincar, minha filhinha?

— Vamos brincar de papai e de filhinha!

Benedito sorria e chorava ao mesmo tempo. Nunca teve tempo para brincar, porque a vida para ele não foi mesmo uma brincadeira. Podia conversar com sua filha de cinco anos; que dádiva de Deus!

Foi então que ela lhe disse:

— Papai, ele está te chamando, mas não demore, volte logo – era o padre que acenava, para que ele fosse para fora.

— Por que se eu e ela estávamos tão bem? – Benedito lamentou.

— É preciso evitar que a menina seja tomada por louca.

— É mesmo...

Foram até ao lago, onde o jovenzinho da casa parecia pescar, mas o fazia com seu chapéu de palha e algumas vezes conseguia. Benedito admirava o quanto ele cresceu e parecia forte. Então perguntou, decidido:

— Meu filho, eu voltei; você está me vendo? – o garoto não demonstrou perceber nada.

Quando seu filho decidiu voltar para casa, Benedito exclamou cheio de saudade e resignação:

— Adeus, meu filho! – mas ao pronunciar essas palavras, o jovem voltou-se, como se houvesse escutado alguém. Benedito repetiu:

— Adeus, meu querido filho!

Outra vez o jovem olhou para trás, buscando ouvir outra vez alguma voz.

— Padre, ele consegue me ouvir um pouco!

— Sim, mas ele não ouve com os ouvidos, ouve com a alma. Sua sensibilidade capta uma ideia ou uma frase e ele tem a percepção de quase ouvir vozes.

Florinda na roça arrancou do chão mandiocas grandes e bonitas. Lavava junto ao poço o facão e suas mãos sujas de terra vermelha. Benedito aproximou-se. Ela lavou em silêncio também o rosto e decidiu sentar-se na relva para descansar um pouco.

Naquele rosto judiado pelo sol, ele sentia ver a mesma menina de outrora, cansada, mas decidida na luta.

Sentou-se junto a ela, e ao mesmo tempo uma florzinha campestre chamou a atenção de Florinda.

Florinda passou os dedos na florzinha enquanto Benedito passava os dedos com ternura nos seus cabelos.

Os olhos de Florinda repentinamente encheram-se de lágrimas. Ela sentia que não dava para segurar mais, e chorou, chorou muito. Depois, ela olhou para o céu e disse em voz alta, como se ele estivesse distante:

— Oh, Dito, isso é saudade. Deus vai me ajudar, e isso vai passar logo.

E Deus ajudou. Ela levantou-se e com uma disposição renovada, como de alguém que agora começa um dia de trabalho, saiu para continuar a sua lida.

Benedito queria falar-lhe, como nunca antes sentiu tal necessidade. Eles sempre se entenderam bem, diante de tudo que tiveram que passar juntos. Agora eles estavam separados, Benedito sentia-se junto dela, mas ela sentia-se sozinha.

— Florinda, eu estou aqui! – ele disse, mas ela o ignorava. O padre veio em seu auxílio e ajuntou:

— Ela sente o teu carinho, e ao mesmo tempo reciprocamente ela te mostra um sentimento de amor e saudade. Há em Florinda uma intuitiva prudência, pois que ela não quer preocupar-te com nada, esteja você onde estiver.

— Padre, eu sei que Deus sabe o que faz e que Florinda ficou para ainda muito aprender. O que me preocupa é que, quando se vive na Terra, a gente se esquece que a vida continua após a morte. Eu mesmo esqueci, e só agora me lembro que a vida na Terra é só uma experiência, uma prova, de que se pode sair vitorioso ou não.

— Florinda está sendo chamada por Deus para reconhecer, na sua intimidade, que tu vives. É difícil para ela, porque enquanto o fato mostra que morreste, o sentimento diz que tu vives.

— Padre, isso não pode ficar assim, ela precisa saber mais!

— Benedito, vós escolhestes uma vida simples e afastada do progresso, em contato maior com a natureza. A ideia da continuidade da vida após a morte, a reencarnação, já está nos livros.

— Em nossa vida passada, não fomos inclinados a ler livros, mesmo quando tínhamos condição de vida mais abastada. A instrução ficava para depois, porque os negócios tomavam mais tempo e isso não se aprendia nos livros. Noutras experiências não soubemos nos relacionar bem com muitas pessoas.

— E hoje ficastes longe dos negócios e da instrução – concluiu o padre.

— Pois é isso que me deixa intrigado. Conseguimos sair daquela corrida de sucesso e de poder, para viver com mais simplicidade, confiantes em Deus, sem prejudicar a ninguém. No entanto não conseguimos buscar os livros para aprender mais um pouco. E agora? O que será da vida de Florinda e de meus filhos?

— Calma, Benedito, mantém-te em paz. Deus provê os recursos de acordo com a vontade de cada um. Se quiseres ajudá-los a desenvolver o interesse de aprender, não te faltará auxílio também.

— Como posso ajudar, padre?

— Primeiro aprenda como ajudar. Vem comigo.

Voltaram para o Lar São Germano e Benedito sentiu-se feliz de ali voltar. Agora estava mais interessado sobre aquela Casa, queria fazer amizades e participar das atividades ali empreendidas com tanto amor, auxiliando as criaturas que de um modo ou de outro ali chegavam.

— Padre, eu quero ajudar também, só não sei como!

— Tua vontade, tua disposição de querer ser útil aos irmãos é muito importante, porque sem isso não se poderia fazer coisa alguma. Vou apresentar-te alguns assistidos recém-chegados das experiências terrenas.

Depois de algumas horas Benedito foi apresentado também à Equipe de Auxílio, junto aos irmãos ainda na Terra. De tempo em tempo a equipe organiza um curso rápido de reciclagem para os servidores, no aprendizado de como servir melhor.

— Padre, eu não acredito; ainda hoje cedo eu pensava em voltar para minha família e para minha roça. Agora estou com ocupação tão diferente, entrando nesta Equipe de Auxílio para aprender a auxiliar. Ah! Padre, repentinamente tudo muda e não é nada ruim realmente.

— Benedito, tu estás com receio de dizer que estás feliz!

— Padre, como posso ficar feliz sabendo da situação infeliz em que deixei os meus?

— Tua felicidade não pode depender de ninguém. A felicidade se constrói com metas e conquistas no caminho do Bem. Observe, se tu não tivesses a meta de ajudá-los, a que empenho tu estarias ligado?

— É mesmo, se tudo estivesse bem entre todos, qual seria o meu objetivo?

— Alguém precisa ajudá-los, Benedito, e sei que tu gostarias de fazê-lo.

— Sim, eu quero muito ajudar, padre, mas não sei de que jeito...

— É por isso que tu estás entrando nesta equipe para aprender. Boa aula, meu querido. Voltarei a encontrá-lo.

conhecer para auxiliar

Capítulo 4

O grupo de instrução apresentou-se: Baltazar, Belizário e Bruno. Três jovens que à primeira vista, aos olhos do mundo terreno, nada tinham para ensinar aos mais velhos. Benedito beirava os 40 anos.

A alegria serena e doce que os jovens traziam no semblante despertava mais confiança e interesse naqueles que estavam ali para ouvi-los.

Benedito e alguns outros também se apresentaram, e ele o fez assim:

— Eu morri muito cedo. Deixei mulher e muitos filhos, muitas bocas para se sustentarem. Eles não sabem que estou aqui e que estou bem. Quero aprender como poderei ajudar minha família que ficou na Terra.

Alguns se apresentaram em semelhantes condições e outros já trabalhavam na Equipe de Auxílio, porém reciclando mais uma vez seu aprendizado.

Então vejamos a explanação inicial, dando a conhecer como está dividida a tarefa de Auxílio:

O Auxílio solicitado;
O Auxílio intercedido;
O Auxílio necessário.

O Auxílio solicitado é quando um irmão, em momentos, dias, meses ou anos de dificuldades físicas ou espirituais, roga com humildade o socorro divino de alívio, paz, entendimento, equilíbrio e outros recursos. Em meio a esse sofrimento, dificilmente ele tem uma ideia precisa do que seria melhor como ajuda, mas entende que Deus sabe mais.

Está implícito na sua solicitação o desejo de ser uma pessoa melhor, com mais qualidades morais, com o propósito firme de eliminar vícios e defeitos para não cair nos mesmos erros.

O Auxílio, quando solicitado com a razão e o coração, move barreiras energéticas que o impediam de obter recursos divinos para seu fortalecimento e equilíbrio.

Uma vez rompidas essas dificuldades, que só um Espírito humilde e determinado no Bem consegue romper, forma-se em seguida um corredor de luz, ligando-o ao centro de Auxílio mais próximo na esfera espiritual.

É assim que acontece com o Espírito que vive ainda na Terra: enquanto seu corpo repousa durante o sono renovador de suas forças físicas, ele sai do corpo material e vem por este corredor a ter conosco. Aqui ele tem maior visão da sua situação espiritual, com relação à sua existência temporária na Terra. O seu desempenho pode trazer-lhe alegrias ou tristezas futuras.

O Auxílio intercedido é quando um irmão, no momento sem apelar em favor a si mesmo, compadece-se dos sofrimentos de uma pessoa querida e solicita recursos divinos em favor dela. Pode acontecer que nesse caso o intercessor, seja encarnado ou desencarnado, não tenha a justa ideia de como a criatura deva ser ajudada, diante de uma trajetória de vida que pode ser um resgate espiritual.

Quando o intercessor é um Espírito desencarnado, numa hierarquia espiritual mais elevada, certamente ele tem acesso ao histórico de vidas passadas de seu protegido podendo avaliar a causa de seus erros e sofrimentos, assim como de seus méritos futuros.

Na maioria dos casos é preciso uma reviravolta para que seja viabilizada a possibilidade de um encontro, entre um ou mais irmãos, e tal encontro venha a ser um ponto de apoio, de sustentação favorável para atender ao auxílio possível sem alterar a justiça divina.

O auxílio necessário já é quando uma pessoa, confiante em Deus e em si mesma, põe-se a ajudar o próximo, direta ou indiretamente. Para suprir as suas deficiências na qualidade da ajuda, o seu Espírito-guardião é quem intercede junto ao Plano Espiritual a ajuda necessária para que o benfeitor não perca a beleza da tarefa, que na maioria das vezes é uma prova.

O auxílio necessário vem em forma de fé, mais confiança em Deus, perseverança no seu ideal do Bem, no compromisso abraçado.

Reações comuns pós-ajuda:

Aquele que solicitou o auxílio melhora física, moral e espiritualmente graças ao auxílio recebido; porém, fortificado, volta a estagiar nos mesmos erros que o levaram ao sofrimento anterior, deixando de lado suas orações e não renovando seus propósitos e esforços de reforma interior, como antes houvera feito.

Nos casos mais felizes, o auxílio recebido é um impulso para que o auxiliado compreenda sua situação espiritual, procure estudar e, mais esclarecido, ser ativo no Bem, transformando-se numa criatura nova. Esse impulso é dado num momento especial para que ele, ao absorver o auxílio solicitado, aconchegue-se mais ao seu mentor espiritual, podendo receber o auxílio necessário de acordo com suas tarefas.

Aquele que recebe a intercessão para auxílio recebe uma inspiração para tornar sua vida melhor. Nos casos mais felizes, há uma reviravolta como se o grande dedo de Deus movesse tudo, para que a criatura venha a enxergar novos valores. O ponto de apoio geralmente é uma pessoa querida do passado, independente de sexo, que tiveram vidas anteriores juntos, e agora um auxilia o outro, tanto nas tristezas como nas alegrias. Esse ponto de apoio e sustentação é muito bom, porque serve como que uma almofada confortável no ombro durante a caminhada com sua cruz. Por outro lado, ambos aprendem e saem crescidos dessa peleja. Geralmente, o intercessor, mesmo encarnado, fica esquecido ou anônimo.

Feliz ainda seria se nessas pancadas da vida o protegido viesse a aprender não mais pela dor e sim pelo amor, procurando ser ajudado por meio de um sincero auxílio solicitado.

Aquele que recebe o auxílio necessário consegue realizar a tarefa em favor ao próximo muito melhor do que esperava realizar, isso não só em relação a ele, mas principalmente aos outros, envolvidos no seu empenho ao Bem.

Nos casos mais felizes, ele cresce a cada tentação vencida, mais uma glória espiritual, até que possa, fora desse âmbito das fraquezas humanas, não mais ser alvo do Mal. Os irmãos infelizes que se comprazem no Mal não perdem o seu tempo com aquele que não mais sucumbirá às suas investidas.

Raro é encontrar na Terra quem não sofra as investidas do Mal, porque a humanidade não se compõe de seres perfeitos. Digo raro, porque alguns homens, facilmente identificáveis, passam no globo terrestre incumbidos de determinada tarefa no Bem como exemplo e auxílio.

Aqueles que não se apresentam como missionários estão em constantes batalhas íntimas, mas preparando-se na área do Bem com conhecimento, perseverança e amor pelo próximo.

Como se efetua um auxílio?

Espíritos desencarnados que somos, podemos ajudar por um único meio de comunicação – a influência mental.

O protegido será auxiliado até quando ele o quiser, se tiver vontade de ser auxiliado para progredir moral e espiritualmente, porque seu Anjo Guardião dará continuidade à ajuda.

Quando o protegido acata as influências mentais para seu próprio bem, entra em nossa faixa vibratória. E passa a ter uma sintonia que favorece a todos nós, porque nos facilita o auxílio. Encontra outros bens espirituais em meio do caminho já como retorno de compensações pelo seu próprio empenho.

O auxílio solicitado ou intercedido vai depender muito mais do protegido do que do auxílio mesmo.

Nesse instante um deles, o Ouvinte, ergueu a mão com vontade de fazer uma pergunta.

— Esteja à vontade – disse Belizário com um meigo sorriso.

— Pode uma pessoa, na Terra, conseguir este progresso sem pedir auxílio e sem ninguém rogar em favor dela?

— Progresso é uma lei divina, nada na Natureza regride. No estágio evolutivo da alma, aquele que ainda não tem a humildade de pedir auxílio ao Pai, aquele que não reconhece a força poderosa de amor e de justiça de Deus, fica fechado em seu egoísmo e orgulho, e não consegue perceber a ajuda que temos para lhe oferecer – e continuou sua exposição.

O progresso dar-se-á indubitavelmente pelas pancadas da vida.

O homem poderia expurgar seus débitos passados, ser submetido a provas difíceis, e ao mesmo tempo enriquecer-se no aprendizado constante que a vida lhe oferece, se aceitasse a ideia do Bem em profundidade em sua alma.

O Bem existe no mundo, mas o Mal existe em abundância. À medida que crescem as fileiras do Bem, o Mal vai sendo banido pela força do Bem, porque o homem até mesmo passa a envergonhar-se de nutrir qualquer sentimento infeliz.

Se os homens soubessem o valor da intercessão, multiplicariam sua vontade sincera de pedir em favor a um irmão.

Quantas criaturas ainda não conseguiram cativar um coração humano, piedoso, para receber um socorro divino por meio da prece daquele que, consternado com o sofrimento alheio, pedisse a Deus em seu favor.

Em meio ao mar de vibrações antagônicas, em que o orbe terrestre está envolto, não há quem possa dar passos mais largos no progresso sem a evocação da prece singela e pura.

Os livros e as criaturas que propagam o Bem auxiliam muito, e acrescidos da prece contrita e sincera, auxiliam muito mais.

Encorajado pela pergunta do outro, o Aprendiz pergunta:

—Todas as preces são ouvidas?

— Sim, todas as preces são ouvidas, mas não são todas atendidas. No balbuciar das preces que ouvimos, muitas delas não são acompanhadas do pensamento daquele que ora. A criatura realmente está onde está o seu pensamento.

— E aquele que não sabe fazer uma oração?

— Alguns nada dizem pela boca, mas o pensamento fala e bem alto, numa súplica de dar inveja a muitos oradores que buscam as mais belas palavras.

Ainda outro recurso divino precioso, que podemos destacar, é a mobilização de alguém para conseguirmos o intento de por meio dele auxiliar outro.

Todos nós, encarnados e desencarnados, somos Espíritos com liberdade de escolha. Podemos escolher à vontade, porém somos responsáveis sobre as consequências da escolha feita. Ora, neste mar de vibrações constantes em que o homem no mundo está imerso, ele é constantemente surpreendido por uma diversidade de pensamentos que influem no seu próprio pensamento. Também a qualidade dos nossos pensamentos vai atrair a influência de outros pensamentos semelhantes.

Basta-nos observar a aura de cada irmão, para avaliarmos o que ele pensa.

— A aura é exatamente o quê? – a Companheira perguntou.

— Quando você toca um objeto, uma planta, uma ave, um animal, um ser humano, cada um tem um odor característico, não é?

— Sim – todos concordaram.

— Vocês conseguem ver o odor, ou somente o percebem?

— Não conseguimos ver.

— A aura é a vibração, o teor energético de cada um, que não vemos, nem percebemos o odor, mas interfere em nossa percepção. Vocês já sentiram um agradável sentimento por uma pessoa, estranha, mas cuja aproximação traz um bem-estar inexplicável? É a influência de sua aura. E o inverso, quando alguém se aproxima e você arrepia-se e teme algo? A influência de nossas auras nas auras dos outros modifica-lhes o teor de seus pensamentos.

— Não é a visão que influencia nossos pensamentos? – a Companheira perguntou.

— Sim, à medida que vemos, nossos pensamentos íntimos tornam-se variáveis, mas as auras deles nos influenciam a pensar até mesmo o que não queríamos.

— É mesmo, muitas vezes surpreendo-me com pensamentos tão infelizes que até fico com raiva de mim mesma – a Companheira desabafou.

— Então precisamos discernir nossos próprios pensamentos, e sempre nos unirmos às outras auras, as quais nos trazem bem-estar, esclarecimento, sentimento fraterno e amigo.

— E como fazer isso? – o Aprendiz inquiriu.

— Primeiro que seus pensamentos sejam sadios para irradiar junto aos outros o bem-estar que quereríamos a nós mesmos.

E o irmão continuou esclarecendo: "Quando estamos encarnados, ficamos com a visão limitada, temos que confiar mais em nossa percepção. A percepção de uns é mais desenvolvida do que em outros, e esse desenvolvimento vamos exercitando através de encarnações.

Já no plano espiritual da Vida, temos que perceber e confirmar o que percebemos, por meio da visão dos pensamentos dos outros. Quando a criatura pensa, ela cria em torno de si formas de pensamento. Quando lemos um gibi de desenhos infantis, é colocado em um balão circunscrito o desenho do que aquela personagem está pensando, não é assim? O mesmo acontece naturalmente conosco: nossos pensamentos tomam diversas formas e aparecem numa área circunscrita em torno do corpo, cujos olhos da carne não conseguem ainda ver. Todos os desencarnados conseguem ver isso facilmente. Então os semelhantes se atraem, porque gostam das mesmas coisas, seguem os mesmos interesses. Zelar pela qualidade dos pensamentos é um dever que ainda são poucos os que tomam consciência de sua importância.

Manter os pensamentos sadios requer um exercício diário. Quando você se vê pensando em algo indevido, direcione sua vontade para o firme propósito de mudar o teor do que está pensando. Até mesmo quando suas forças parecem ser movidas por outra força mental infeliz, recorra à prece para sua higienização mental e depois não volte mais a pensar naquilo.

Outra percepção de que o pensamento que você nutre não lhe pertence é quando aquele pensamento se torna uma ideia fixa. A fixação mental é a certeza de que alguém está nos impondo os seus pensamentos.

O homem encarnado consegue influenciar outro encarnado, mas os Espíritos desencarnados infelizes, para não dizer inferiores, conseguem muito mais essa influenciação, principalmente porque permanecem ocultos e, algumas vezes, não estão agindo sozinhos.

A influência espiritual de desencarnados sobre um encarnado, de maneira nada saudável, faz o encarnado encontrar dificuldades de concentração para fazer uma oração.

Dá-se o nome de obsessão, quando o encarnado acha que todos os pensamentos lhe são próprios. O obsidiado fica triste por não conhecer a si mesmo e sente medo do futuro que lhe aguarda. Nesse estado, sem prece, sem bons sentimentos, ele se afasta dos Espíritos que lhe poderiam ajudar.

— Por que os Espíritos bons não lutam contra os maus? – a Companheira perguntou.

— Porque incentivam o obsidiado a começar a luta.

— Não podem defendê-lo sem ele iniciar sua defesa? – colocou o Ouvinte.

— Auxiliamos a ele discernir entre o Bem do Mal. No momento em que ele opta pelo Bem, não lhe faltará ajuda. Não se estende mão ao cego, que não vê aquela mão estendida amorosamente para auxiliá-lo. Porém, se o cego estende a mão no desejo de ser auxiliado, não lhe faltarão mãos amigas e compreensivas.

— Por que Deus permite que esses Espíritos infelizes venham interferir no nosso próprio pensamento? – a Companheira resmungou.

— Deus permite porque deu aos Espíritos encarnados e desencarnados a liberdade de pensar, e com isso de muito aprendermos.

Benedito, que passava o dia inteiro na sua roça, sempre sozinho, mal podia crer que pudesse um dia ter sido vítima de influenciação espiritual do Mal. Pigarreou enchendo-se de coragem e perguntou:

— Moço, por acaso esses Espíritos que influenciam o mal na mente dos outros, eles fazem isso por querer?

— Excelente pergunta, Benedito! Muitos influenciam os outros sem intenção de fazer isso, assim como todos nós já influenciamos muitas pessoas. Somente alguns têm a perversidade de influenciar para de fato prejudicar o outro.

Estimulado pela acolhida de Belizário, agora Benedito exclamou:

— Temos de rezar por esses Espíritos!

Todos se entreolharam, acenando afirmativamente com a cabeça.

— Isso mesmo! – continuou Belizário. – Quando vamos ajudar um ente querido na Terra, temos de ajudar aos Espíritos desencarnados, que estão ali envolvidos. Precisamos fortalecer o nosso auxílio, em favor dos Espíritos que estão interferindo numa situação, para que eles encontrem também a ajuda de pessoas queridas, nos dois planos da Vida.

— É o amor incondicional, não? – observou o Aprendiz.

— Claro, somos todos irmãos que, ora sim, ora não, vivenciamos uma experiência terrena de difícil aprendizagem. Vamos fazer para cada um tudo o que pudermos, sem julgamentos, sem censuras, porque um dia seremos nós que poderemos nos encontrar em situação semelhante. Para efetuarmos o auxílio, não poderemos desrespeitar o uso do livre-arbítrio, isto é, da liberdade de escolha de cada um.

— Podemos exorcizar para que o Espírito que impõe sua influência mental se afaste para sempre? – perguntou o Aluno que até agora não havia aberto a boca.

— Podemos – afirmou Belizário.

— Como se faz isso? – o Aluno perguntou surpreso.

— Somente com amor!

— Eu já vi Espíritos serem exorcizados, enxotados como demônios – retrucou o Aluno.

— Você estava na Terra, e não pôde comprovar o efeito daquele exorcismo.

— Mas a doente e seus familiares ficaram melhores, embora eu ainda encarnado não visse os Espíritos que a incomodavam.

— O Espírito perverso, rebelde ao chamamento para o caminho do Bem, que está junto ao encarnado somente para prejudicá-lo, vingar-se, não move um pé para sair de perto de sua vítima. Digo mais, suas forças no Mal são ainda mais robustecidas, porque foi tratado grosseiramente por aqueles religiosos que têm a pretensão de impor sua vontade. O obsessor aproveita-se da ignorância dos encarnados e dá uma trégua, cessando sua ação prejudicial somente para iludir todos eles de que o ritual exorcista foi eficaz. Quando estiverem mais invigilantes, numa nova investida ele conseguirá o golpe fatal, completando a sua vingança.

— Os Espíritos que conseguem realizar sua vingança estão diante da justiça de Deus, não é mesmo? – asseverou o Aprendiz.

— Sim, Deus é justo. No entanto precisamos nos preocupar com o Espírito que nutre esse sentimento de vingança, pois ele sofre.

— Mas quem sofre é a vítima! – exclamou o Ouvinte.

— O obsessor de hoje foi a vítima de ontem. Ele sofre porque guarda muitas mágoas e não consegue perdoar àquele que julga ter sido seu algoz. Apesar de saber que prejudica a si próprio, não tem forças para parar. Sofre muito – falou Belizário comovido.

— Por que ele não esquece tudo e vai cuidar de sua própria vida? Vai se prejudicar e sofrer mais do que já sofreu? – a Companheira acenava a cabeça.

— Não é fácil esquecer o que sofremos! – suspirou a Irmã, quietinha no seu canto.

Belizário relembrou:

— Quando Jesus disse para nós perdoarmos aos nossos inimigos, ele pedia para esquecermos todas as ideias de duelos contrários aos seus ensinos de amor. Esquecer a ofensa se torna difícil numa mesma encarnação, por isso reencarnamos esquecendo as vidas passadas, para não acordar em nós antigas mágoas e erros que já passamos.

— É possível até não ir à desforra contra o inimigo, mas esquecer, não pensar no mal que ele merece é quase impossível – avaliou o Ouvinte.

— É uma batalha dentro da cabeça – murmurou a Irmã.

Belizário sorriu e propôs:

— Como fazer o obsessor-vítima desistir da desforra?Vamos com amor pensar nisso em grupo: Ouvinte, Aprendiz e a Companheira formem um grupo. Em um outro grupo: Aluno, Benedito e a Irmã.

Disciplinados juntaram-se em dois grupos.

Grupo A

A Companheira iniciou a conversação, dizendo:

— Estou estagiando há pouco tempo junto aos Auxiliares e vejo que até mesmo chegam a dar razão ao obsessor. Compreendem que ele sofreu e que naturalmente ele quer fazer o outro sofrer como ele antes sofreu.

O Ouvinte arrematou:

— Então a cada um segundo as suas obras! É uma frase que sempre tenho ouvido entre os Auxiliares. Certamente devemos não nos preocupar e deixar que a justiça seja feita.

— Os Espíritos são os homens que habitavam a Terra e os homens não sabem ser justos. Os homens, assim como os Espíritos, são seres imperfeitos. Quem poderia realmente fazer justiça? – inquiria o Aprendiz.

— A justiça divina permite esse duelo entre obsessor-vítima e vítima-obsessor. Ele permite que isso vá acontecendo, até chegar num certo limite – o Ouvinte imaginava a sabedoria de Deus.

— É, porque tem que haver um limite! Não seria justo uma pessoa pagar mais do que deve – a Companheira balançava a cabeça.

— Quando chega no limite, Deus intervém e cessa a permissão – arregalou os olhos o Ouvinte.

— Eu já vi um Espírito que fazia o mal para uma encarnada, mas depois não conseguia mais continuar com essa atitude, porque se o mentor dela acenava ele se retirava envergonhado, diante daquele Espírito elevado – contou o Aprendiz.

— Então é isso. Deus permite só o que o aflito merece – concluiu o Ouvinte.

— Mas a questão é esta: Como fazer com que o obsessor desista da desforra? Como eu ia dizendo, no caso que acompanhei junto aos Auxiliares, o obsessor não podia continuar a vingança, porque a vítima trazia agora excelentes qualidades, que a diferenciavam do Espírito atrasado que fora – disse o Aprendiz.

— É um círculo vicioso. Quem sofre numa encarnação quer se vingar quando trocam de posição. O ex-obsessor reencarna e a ex-vítima passa a ser o obsessor. Invertem-se os papéis e o rancor cresce sem fim, até mesmo esquecendo-se qual foi o motivo inicial da inimizade – observou a Companheira.

— O duelo pode parar, quando um deles progride mais espiritualmente do que o outro. E aquele que cresce é amparado pelo seu mentor – disse o Ouvinte.

— Ninguém cresce espiritualmente sem saber perdoar. No caso que o Aprendiz contou, ela perdoou, não vai mais se vingar na outra encarnação – disse a Companheira.

— É isso mesmo, quem cresce para Deus aprende a amar, perdoar e não prejudicar a mais ninguém – concluiu o Aprendiz, dando por encerrada a reflexão do grupo.

Grupo B

— Meus irmãos, vejam que foram reunidos no outro grupo aqueles que já estagiam com os Auxiliares, que atendem aos que oram solicitando auxílio. E nós somos os recém-chegados, não? – disse o Aluno.

— Eu soube hoje que morri – disse Benedito entre surpreso e reflexivo.

— Eu soube há mais tempo, porém não tive condições de ouvir a orientação que recebia, logo após despertar do lado de cá – explicou a Irmã.

— Eu gosto muito de estudar, porém tive que controlar minha ansiedade. Foi preciso disciplinar-me a ouvir mais do que falar, e esperar as respostas para minhas dúvidas, que pouco a pouco vão me esclarecendo. Então somos todos neófitos na vida após o túmulo, e consequentemente fica difícil responder à questão proposta: Como fazer com que o obsessor desista da desforra? – disse o Aluno.

— O obsessor pode ser um Espírito desencarnado contra outro que está encarnado na Terra, mas também pode ser um encarnado contra outro também encarnado. Eu mesmo sofri a maldade, a crueldade de uma pessoa sem coração. Depois ele partiu e do plano espiritual continuou a me atormentar, desta feita pior ainda, porque me envolvia psiquicamente. Quando vim para cá, o que esperavam de mim? Estou com lembranças vivas, sobre tudo o que ele me fez. Meu primeiro pensamento, logo que me desvencilhei do corpo, foi ir ao seu encalço – Irmã deteve-se alguns instantes, e seus olhos se encheram de lágrimas.

— Você o encontrou? – o Aluno estava seriamente interessado.

— Eu o encontrei e todas as minhas mágoas e rancores vieram à tona, com uma vontade de exterminá-lo para sempre!

— E o que você fez?

— Não fiz nada, e nem podia; ele é, como nós todos, um Espírito imortal. Foi quando veio ao meu encontro o meu mentor. Ele já me ajudava muitas vezes para eu não cair no desespero e, resignada, eu contava os dias de meus sofrimentos. Eu não tinha consciência de sua presença, quando vivia na Terra, mas espiritualmente sempre fui agradecida ao seu auxílio carinhoso, dando-me coragem de suportar tudo aquilo.

— Desculpe, Irmã. Ele ajudava sem a senhora saber, sem sua consciência? – tornou Benedito sem deixar escapar algo não muito claro para ele.

— É assim. Quando na Terra nós dormimos, de fato colocamos nosso corpo em repouso. Mas eu Espírito não preciso dormir. Enquanto o meu corpo descansava para refazer as energias, eu saía fora dele. Fora do corpo eu encontrava esse Espírito bondoso, meu mentor. Nós conversávamos e ele auxiliava-me a aceitar sem revolta tudo o que eu estava vivenciando. No dia seguinte eu acordava sem lembrar dele, mas já conseguia ficar mais calma.

— E seu mentor não falava como fazer para o obsessor-vítima desistir da desforra? – Benedito continuou.

— Não, mas ele ajudava muito, porque fora do corpo, nessas horas, ele mostrava-me algumas partes de minhas vidas passadas, quando eu não era a vítima e sim o algoz.

— Isso seria bom de lembrar, mas a senhora disse que era inconsciente!

— Eu não lembrava dos fatos passados, mas o sentimento de arrependimento, de humildade e resignação era fortalecido em mim.

— Se a senhora não lembrava nada, acho que ele também não ajudava em nada – afoito disse o Benedito.

— Ele esclarecia sobre o perdão, mas eu tinha o livre-arbítrio, isso deveria ser uma decisão única e exclusivamente minha.

— Irmã, quando você voltou para nossa vida espiritual, o seu mentor logo esclareceu sua situação, não é mesmo? – o Aluno perguntou.

— Não, quem me recebeu do lado de cá foi o meu algoz.

— Cruz-credo – disse Benedito num suspiro.

— E seu mentor? – continuou o Aluno.

— De pronto eu não quis saber de outra coisa, a não ser vingar-me. Depois, não conseguindo, decidi orar a Deus em busca de paz. Foi então que meu mentor aproximou-se. Fui trazida para cá, espiritualmente muito doente. Acho que cheguei bem antes de todos vocês, e parece que cheguei ontem.

— Parece que temos muito que aprender aqui, melhor não perdermos nosso tempo com o passado – falou Benedito baixinho, olhando nos olhos dela, compreensivo, como se um dia já houvera vivenciado a mesma angústia que a Irmã.

O tempo de reflexão dos grupos chegou ao fim. O grupo A expôs sua ideia, mas o grupo B, que não havia encontrado resposta, silenciou por um momento. Em seguida o Aluno olhou para os demais e afirmou:

— O Grupo A tem razão e nós confirmamos que é preciso o perdão e a transformação moral dos integrantes do duelo – o Aluno obteve os olhares de confirmação dos demais de seu grupo, que a isso não poderiam mais negar.

Todos se levantaram para sair ao fim da aula. Benedito procurou dar um até logo para todos e saiu. Achou-se tão só naquele instante, que sentiu vontade de chorar. Olhou para todos os lados e pensou ir até ao jardim, e isso desanuviou a sua cabeça. Chegando lá, sentado em um banco, com um meigo sorriso, olhando para ele, estava o padre.

Benedito sentiu vontade de correr e abraçá-lo e não o fez de acanhado, mas seus olhos brilharam ao sentir-se querido e esperado.

— Padre, que bom o senhor aqui.

— Venho saber se tu estás gostando do curso – o padre levantou-se.

— Claro, estou conhecendo outras pessoas e ideias novas.

— Vamos, que tu precisas de alimentação antes da oração.

Benedito observou que não se alimentou o dia todo, mas necessidade não sentiu. Agora que o lusco-fusco da noite chegava, estava sedento.

Atravessaram o jardim sem pressa e foram até a um salão, onde algumas pessoas estavam com copos grandes na mão. O padre fez o pedido que Benedito nem sequer ouviu, porque ele observava o ambiente e outros Espíritos ali. Não demorou muito e seu copo chegou, educadamente servido por uma senhora. Benedito deu pequeno gole para experimentar e surpreendeu-se com um suco grosso de fruta, uma das frutas de que mais gostava: caqui. Que delícia refrescante, que lhe deu disposição e até mesmo lhe aclarava as ideias.

— Padre, que gostoso, e parece tão nutritivo que não preciso mais do que isso.

— Tu estás tomando sua fruta preferida com nutrientes, o teor vital de que você ainda precisas.

— O senhor também gosta deste suco?

— Sim, gosto, mas não tenho mais a necessidade que tu ainda tens de tomá-lo.

— O que o senhor toma?

— Abasteço-me de outras energias, que tu conhecerás mais tarde, porém quando venho de alguma tarefa espiritualmente mais pesada, no orbe terrestre, tomo um copo desse nutriente para restabelecer minhas perdas energéticas.

a prece coletiva

Capítulo 5

Uma melodia suave parece que tocou a todos. Foram deixando seus afazeres e dirigindo-se para o jardim. O padre e Benedito foram tranquilamente em silêncio para lá. Um coral de vozes femininas e masculinas soava por todo o jardim. Parecia que até as aves pousavam, silenciosas, para ouvir aquela prece cantada. Quando o canto foi diminuindo de sonoridade, um dos cantores solicita carinho e atenção de todos para ouvirem o Padre Germano.

Com naturalidade, o padre ao lado de Benedito deu passos calmos à frente e se colocou visível sobre uma elevação do terreno. Olhou a todos demoradamente, depois disse:

— Filhos do meu coração, eu quero vos agradecer pelo empenho que vocês têm dado para que o nosso Lar esteja repleto de energias benéficas que traduzem o sentimento de cada um. Agradeço ao Pai ter nos ofertado uma oportunidade tão bela de construirmos juntos este Lar que abriga entes tão amados que retornam das lutas terrenas. Que esses irmãos recém-chegados recebam toda nossa compreensão, nossa ternura, e voltemos os nossos esforços para lhes transmitir coragem e esperança. Vamos juntos, meus queridos, devotarmos a essa tarefa do Bem que nos foi confiada pelo Mestre Jesus, para que possamos obter melhores e maiores possibilidades no futuro, crescendo em número de servidores para alcançarmos um número maior de irmãos necessitados de nossas mãos cheias de carinho. Não tenhamos pressa em nos identificarmos junto àqueles que esperávamos para um reencontro, com calma aguardemos sua adaptação em nosso Lar, para que recomponham suas ideias e seus sentimentos, e só então, depois, apresentemos a eles os laços afetivos que nos ligam. Amor, amor, amor antes de tudo, o resto virá como consequência lógica. Encham os vossos Espíritos de luz e de paz nesta noite abençoada pelo Alto com a graça de nosso Pai e pelo amparo de fraternos irmãos que nos acompanham o desenvolvimento espiritual.

Ele encerrou a mensagem, quando o jardim ficou iluminado pelas flores que, ao toque daqueles sentimentos, se tornaram incandescentes. As luzes dessas flores foram acendendo aos poucos. E quando parecia que todas as flores multicores estavam acesas, Benedito embevecido naquele momento sentiu explodir o seu coração, e as lágrimas vieram aos seus olhos abundantemente, que escorriam pelo seu queixo. Não sentia forças para retê-las, um sentimento maior, uma emoção fortíssima o envolvia agora. Em meio àquelas lágrimas, ele vê o Padre Germano retornando ao seu encontro. Já não podia mais, louco seria ficar acanhado nessa hora, e Benedito deu alguns passos para encontrar o padre, para jogar-se em seus braços amorosos, dizendo entrecortado de lágrimas:

— Padre Germano, meu Deus, é você meu querido que sempre esteve ao meu lado. Eu sempre soube que podia confiar no seu amor. Obrigado, querido.

Parece que as preces vibraram no ar e aquela vibração, aquelas luzes e flores vieram iluminar sua memória, sobre o que esquecera temporariamente, afinal estava diante do seu mentor.

— Agradeça a Deus, Benedito, a Deus! – disse o Padre Germano, abraçando-o e também emocionado.

Todas as pessoas foram se retirando calmamente, uns falando com os outros em voz baixa. Muitos sorriam, alguns se abraçavam efusivamente e alguns contemplavam aquele encontro de alegria e amor.

Abraçados Benedito e Germano, como dois irmãos, caminharam até à fonte d'água pura e cristalina, sentaram-se à borda d'água para juntos recordarem o laço afetivo que os unia desde velhos tempos.

— Como pude esquecer-me de tantas coisas que estão vivas dentro de mim! – Benedito enxugava as lágrimas, surpreso consigo mesmo, e continuou.

— Hoje estou um poço de lágrimas.

— Chorar sem dor é tão lindo!

— Estou emocionado, porque Deus me ajudou a vir para este Lar junto a você que me ama e quer o meu bem.

— Tu não foste à Terra para regredir, e sim crescer espiritualmente. Teu aprendizado foi de simplicidade, resignação e trabalho.

— Sim, padre, Deus me deu uma família saudável e unida, o alimento em terra fértil, viabilizou-nos uma moradia e um trabalho digno que me fez sentir-me útil e tranquilo.

— Deus nos oferece o que precisamos, o essencial, como percebestes agora. Há aqueles que acham que Deus deve providenciar uma provisão de supérfluos e caprichos.

— Padre, foi muito bom o afastamento que tivemos da cidade, das muitas sugestões que tentam os desejos numa corrente sem fim.

— Tu quiseste desenvolver simplicidade e bem-querer ao próximo. Tinhas uma pendência com velhos companheiros do passado, que juntos tiveram prejuízos espirituais em tempo de ociosidade e luxúria que tu já não queres mais. Dentre eles, Florinda fora a primeira a compreender como a ociosidade abre campo às sugestões inúteis, que prejudicam a caminhada evolutiva. O conforto, o luxo paralisam o Espírito na busca de novos horizontes de orientação e conforto espiritual. Ela aceitou viver contigo, para nutrir esses novos sentimentos de devotamento ao trabalho dignificante, de ser mãe e prover o sustento dos filhos, exemplificando simplicidade e desprendimento.

— Florinda é um Espírito inteligente, padre.

— Sim, o homem, um Espírito imortal, precisa mais do que inteligência para sua evolução, ele precisa também de doces sentimentos para erguer-se para a luz da própria ascensão.

— Por que eu vim mais cedo para cá, padre?

— Porque ela não poderia guiar-se sempre pelo teu livre-arbítrio, que em tua maturidade espiritual vem sendo aplicado com sensatez e respeito a Deus. Agora chega o momento de Florinda ser provada e, se possível, levar consigo para o caminho do Bem outros Espíritos que lhe são afins.

— Deus os ilumine a seguir o bom caminho – murmurou Benedito.

Ambos ficaram recordando muitos momentos agradáveis que tiveram em outras vidas, quando alicerçavam as bases fortes dessa amizade que os unia.

A mais recente foi quando viveram em um mosteiro na Europa, em nome da Igreja Católica Apostólica Romana. Encontraram nesse passado vários testemunhos de confiança um no outro, embora muitas recordações fossem infelizes, daquele tempo obscuro no emprego da fé.

— Quero continuar a ser o Benedito, homem do povo, e apresentar-me assim como sou agora, não mais com a batina de outrora.

— Certamente em teu lugar eu faria o mesmo, mas não tive, depois de ter sido padre, uma outra reencarnação. Não tive vida mais promissora do que aquela em que fui padre. Foi ainda dentro da Igreja que tive a luz de esclarecimentos de que eu precisava, graças à percepção mediúnica que recebi de Deus. Lá dentro, consegui fazer as comparações que eu precisava para saber discernir o que seria melhor para mim e para todos à minha volta. Desde aqueles tempos, eu e outros padres buscávamos compreender melhor as leis divinas, interpretar os ensinos de Jesus de uma outra maneira, mais eficaz para nosso próprio aprimoramento espiritual. Tivemos sempre um mentor nos auxiliando em busca daqueles conhecimentos. Foi lá dentro que conheci quem eu era, o que precisava ser e o que não queria ser.

— Estou feliz de encontrá-lo agora assim, responsável por um Lar que abriga muitos que anseiam por um ambiente fraterno, onde possam ser compreendidos nas suas ideias e questões mais íntimas. Vejo que outros padres também estão aqui auxiliando e orientando os Espíritos recém-desencarnados que são trazidos para cá.

— Muitos Espíritos que aqui estão se harmonizam pouco a pouco com nosso ambiente. Primeiramente recebem o contato, o auxílio de pessoas queridas para então, mais preparados, serem esclarecidos de que são Espíritos imortais, que vivem apesar de o corpo humano estar morto na Terra.

— Parece que muitos são católicos.

— Sim, são, porque Deus não divide o manancial divino somente com alguns filhos. A verdade aparece no final dos tempos, mesmo para aqueles que não querem vê-la. O céu católico pode ser uma das muitas moradas do nosso Pai, nesse espaço profundo de muitos lares e muitos mundos. A Terra é o espaço mais denso e material, onde as almas com esforço exercitam suas vontades e suas escolhas, e as consequências de suas próprias decisões.

— Padre, o homem quer muito conquistar a liberdade, depois não sabe bem o que fazer com ela, não é mesmo?

— A liberdade e a maturidade no Bem fariam de nosso mundo um planeta feliz.

o auxílio intercedido

Capítulo 6

Benedito continuou ajudando no Lar São Germano, aprendendo a servir como dedicado enfermeiro que assume o papel de um pai compreensivo, ou de um irmão, um amigo para muitos que para o Lar foram encaminhados.

Quis continuar o curso de Auxílio com sincera vontade de tornar-se um Auxiliar também na Terra, mais afinado com a vontade de nosso Pai Criador.

Outro dia, Benedito reuniu-se ao grupo que conversava antes da aula. Com a chegada dos três, Baltazar, Belizário e Bruno, quietou-se com disciplina, para receberem o cumprimento e o sorriso dos jovens, os quais em seguida silenciaram com respeito e fé para a prece proferida por Baltazar.

— Pai amado, fazei de nós instrumentos de vosso amor. Ilumina-nos o entendimento e o sentimento, para que possamos aprender como melhor auxiliar nossos irmãos que se encontram na Terra, em duras experiências para o próprio aprimoramento. Que com a força do nosso carinho, da nossa vontade de ajudar, do nosso magnetismo espiritual, possamos dar um impulso de melhoramento em suas vidas, para nossa felicidade.

A aula começou a ser dirigida por Baltazar e teria duas partes: teórica e prática. Na parte teórica o tema era: Evolvimento material e espiritual. E na prática: como é feito um Auxílio intercedido.

Baltazar discorreu com clareza:

"Nós, Espíritos, temos um magnetismo espiritual, e quando estamos encarnados somos acrescidos de um magnetismo animal. Esse magnetismo misto dos encarnados faz com que possam ser mais ativos na Terra, pela densidade do magnetismo animal, sem perder o contato com sua origem, graças ao magnetismo espiritual que ainda conservam.

Quando nos preocupamos com uma tarefa material, parte dessa tarefa concorre também com nossa tarefa espiritual. As obrigações podem ser de cunho material, mas como Espírito contribuo espiritualmente na tarefa no meio terreno.

Quando o Espírito mergulha toda a sua atenção para o trabalho material em desenvolvimento, sem dar chances para a inspiração e a ação espiritual que juntamente podem ser desenvolvidas, dizemos que há um envolvimento do Espírito com a matéria, ou seja, um envolvimento material.

O envolvimento material é quando o encarnado absorve as atividades e problemas materiais de tal maneira que se esquece temporariamente de sua origem magneticamente espiritual. Envolvido na matéria, ele interrompe os vínculos espirituais e dificulta a nós outros, que cá estamos no plano espiritual com o propósito de auxiliar e apoiá-lo em suas atividades.

Quando o homem deixa que suas tarefas materiais sejam pautadas no recurso divino que lhe possa ser dispensado, abre suas próprias energias espirituais em favor do trabalho material, e há um ponto de equilíbrio.

Há pessoas que procuram o descanso do corpo sem vontade de realmente fazer uma pausa no trabalho material. Acontece que o corpo deita-se sobre a cama e o Espírito, ao lado do corpo, fica ativamente pensando sobre a continuidade da tarefa material, aguardando, para isso, que ele possa encaixar-se novamente no corpo, levantar-se e encetar novas disposições para o trabalho material.

Ora, vejamos, quando o corpo descansa na recuperação de suas energias vitais, é um momento oportuno para que o Espírito se afaste do corpo e venha a ter contato e renovação de energias no seu ambiente de origem, essencial para seu revigoramento. Assim, depois de sentir-se mais livre e encorajado, retornaria ao corpo para, juntos, em suas forças peculiares, poderem realizar os compromissos abraçados.

Desvencilhar-se do envolvimento material é muito difícil, principalmente de um envolvimento profundo e duradouro. O Espírito precisa de um choque de amor para voltar-se espiritualmente para a luz, que tanto anseia para seu progresso.

O envolvimento espiritual é quando o homem entrega-se a uma vida de ócio, sem comprometimento com realizações no campo terreno.

Quando o corpo adormece, ele sai do corpo perambulando pela vizinhança espiritual. O Espírito goza de uma liberdade temporária, sem nenhuma pre-ocupação com atividades materiais. Nesse comodismo espiritual em franco comodismo humano, ele pode se envolver com entidades espirituais que lhe são afins, ou seja, Espíritos desocupados que, em grupo, brincam e zombam dos Espíritos sérios e trabalhadores nas duas dimensões da vida.

O envolvimento espiritual também ocorre quando o Espírito encarnado está fora do corpo e, na posse da visão espiritual, percebe que outro Espírito desencarnado o está prejudicando. Suponhamos que ele se vá contrapor ao Espírito malfazejo, entrando numa verdadeira batalha espiritual. O prejuízo do encarnado nesse envolvimento é evidente, uma vez que ele deve retornar ao corpo, continuando a mercê de influências perturbadoras do Espírito desencarnado. Esse envolvimento espiritual inferior fecha-nos a possibilidade de auxiliá-lo, uma vez que ele pensa resolver tudo sozinho.

O comodismo, o ócio, a preguiça levam o Espírito a não ter proveito nem no plano material, nem no espiritual. O encarnado até se interessa por um mundo melhor, mas nada faz para que isso se torne uma realidade hoje ou no futuro.

Os Espíritos, mentores espirituais, não estão 24 horas cuidando do seu predileto, que quer tão somente fazer travessuras espirituais. Não raro, o encarnado é colocado numa dor corporal, ocupação humana estritamente material, para dar uma folga a seu mentor, que o entrega aos cuidados de outros encarnados.

O mentor espiritual acostuma-se com os hábitos de seu protegido, sabe quando deve estar atento para que não haja risco de desencarne prematuro, sabe também quando seu protegido está indiferente ao seu auxílio.

Quem auxilia também não pode envolver-se, precisamos interceder e ajudar em favor ao equilíbrio do Espírito, sem perder o próprio equilíbrio.

Formemos dois grupos para uma troca de ideias, porque quando ouvimos o outro podemos despertar para ideias ainda não questionadas por nós mesmos. E vamos que responder à seguinte pergunta: Qual o caso mais fácil de auxiliar, aquele que está com envolvimento material ou aquele com envolvimento espiritual?

Grupo A

— Acho que o envolvimento espiritual é o mais complicado, porque na minha vida terrena encontrei muitas criaturas desmazeladas, sem boa vontade, parece que tudo lhes era difícil para iniciar um trabalho – comentou a Companheira de maneira típica.

— Eu já encontrei pessoas com boa vontade, trabalhadoras, mas que tudo em suas vidas não dava certo.

Trabalhavam muito mas pouco era proveitoso, parece que o destino não contribuía. Então era um caso de envolvimento material – lembrou-se o Ouvinte.

— Mas qual seria mais fácil de auxiliarmos? – inquiriu ainda o Ouvinte.

— Bem, aquele com o envolvimento espiritual, porque sendo nós Espíritos desencarnados, poderemos falar com o Espírito encarnado, quando está fora do corpo – sugeriu a Companheira.

— É mesmo, e o que falaríamos? – perguntou o Aprendiz.

— Que ele está perdendo o seu tempo, pois assim vai ficar na mesma situação espiritual, não vai progredir – afirmou a Companheira.

— E ele tem um programa reencarnatório para cumprir, pois acompanhou o estudo pré-reencarnatório e o aceitou antes de reencarnar – lembrou o Ouvinte.

— Acho que nós concordamos, que o caso mais difícil é o envolvimento material, porque se o envolvimento for espiritual, nós teremos mais acesso. Eu diria a ele também que dê mais amor à sua volta, que com certeza vai aparecer o serviço que lhe compete, contando com sua compreensão – finalizou o Aprendiz.

Grupo B

— Acho que o envolvimento material é o mais difícil, porque a pessoa esqueceu-se de sua vida de Espírito – disse a Irmã colocando-se no lugar da pessoa.

— Não é porque ele não tem consciência de ser um Espírito, que ele deixaria de ser – disse Benedito, pensativo.

— Ele sai do corpo todas as noites e isso nos facilita dialogar – colocou a Irmã.

— Se ele fora do corpo se envolver com uma turma da pesada, causará mais prejuízos do que ele sozinho – disse o Aluno.

— Não, no envolvimento material ele fica lá perto do corpo, não perambula como aqueles que não têm o que fazer – Irmã disse ao Aluno.

— É mesmo.

— Vejo que, quando o Espírito é trabalhador e tem responsabilidade, já cumpre metade do que se espera dele. Eu trabalharia em favor de sua conscientização como Espírito que ele é, e isso seria mais fácil – disse Benedito.

— Mas como ajudar? Se falar com ele fora do corpo, ele não vai se lembrar e até mesmo não acredita que possa ser auxiliado fora da matéria – o Aluno sentiu-se impotente.

Quando os grupos expuseram suas ideias, Baltazar premiou-os com um sorriso agradável e compreensivo.

Depois disse que a informação que ele iria dar seria preciosa, mas estaria contida numa pequena frase: **cada caso é um caso**.

Todos riram e ficaram perplexos. Ele disse que não há uma receita para auxiliar e não se pode ter uma pré-concepção de qual caso seria mais fácil ou difícil de ajudar.

Baltazar citou alguns casos que pareciam insolúveis, cuja estratégia amorosa para o auxílio permitiria modificar a situação espiritual do encarnado.

Agora os reunia para a parte prática.

Benedito ficou tenso com a possibilidade de visitar alguns encarnados. Não lhe faltou vontade de visitar Florinda, mas não era momento para ficar pensando nisso. Na verdade, não sabia o que lhe aguardava na escola espiritual da vida, e por certo ele tinha muito que aprender.

O grupo saiu para o jardim, aproveitando o bem-estar que o local oferecia. Foram silenciosos, aguardando as orientações de Belizário, Baltazar e Bruno. Seguiram por uma alameda de flores, quando Bruno perguntou-lhes qual lugar do jardim lhes era mais bonito e agradável. Ninguém conseguiu de pronto responder, porque havia múltiplos cantinhos encantadores. Bruno então decidiu apresentar-lhes uma grande pedra, cercada de flores. Sentou-se e disse:

— Aqui é um lugar onde venho sempre, para sentir todo o amor em forma de energia, contida nesta pedra.

Todos se sentaram à sua volta. Bruno continuou com muito carinho:

— Por nenhum momento vamos esquecer este lugar, a nossa união e o objetivo de estarmos juntos.

Queremos cada vez mais aprender como auxiliar o próximo, como se ele fosse um de nós mesmos. No entanto, não podemos nos envolver em seus problemas e, quando nos sentirmos sendo absorvidos pelas vibrações perturbadoras ou dolorosas dos outros, devemos nos lembrar daqui, de nós, e cada qual dizer a si mesmo "sou um Espírito imortal, minha vida não é só este momento, este período, esta situação. Minha vida é uma bagagem que carrego de outras vidas e abro a mala da intuição para readquirir tudo o que verdadeiramente me pertence como filho eterno de Deus". Alçando os pensamentos ao Pai, reconhecendo sua própria essência em si mesmo, você pode buscar a Deus em você mesmo e as resoluções sobre o melhor a fazer. E nesse esforço intuitivo você busca visualizar este momento agora, em que estamos juntos, porque este é o nosso tempo presente de serenidade, vontade e amor para verdadeiramente auxiliar.

Outro detalhe, nós temos que respeitar o livre-arbítrio do próximo, ou seja, somente o auxiliarmos a usar melhor sua capacidade de escolha. Não vamos dar ordens ao outro para que ele faça o que queremos, vamos somente ajudar, que ele possa discernir e fazer a melhor escolha. Estamos combinados? Então, revisando:

1. Ajudar sem se envolver com os problemas do próximo.
2. Respeitar a livre escolha do próximo.
3. Quando ajudamos aos outros, estamos ajudando a nós mesmos.

— Alguém tem alguma dúvida?

O Aluno levantou o braço. Bruno sorriu dizendo:

— Fale, meu irmão.

— Eu quero ajudar minha família que deixei nas lutas terrenas, mas não entendi quando você diz que estaremos ajudando a nós mesmos.

— Qual situação você gostaria de estar vivenciando: precisar de ajuda ou aprender a ajudar? – perguntou Bruno seriamente.

— Prefiro ajudar, claro!

— Pois bem, somente há esses dois caminhos: a partir do momento em que você não se dispuser a ajudar, passará a precisar de ajuda. Cada um se coloca na situação que escolhe, mesmo que inconscientemente, porque Deus está observando a vontade de todos. E tem mais, quanto mais amor doamos, mais nós aprendemos.

Bruno levantou-se, todos se levantaram e seguiram, em meio ao jardim, até chegarem ao Departamento de Preces. Belizário disse que ali trabalhava. Apresentou os companheiros de trabalho e pegou um envelope.

Reuniu o grupo em uma sala para abrir aquele envelope.

Tratava-se de uma prece sincera de uma mulher intercedendo em favor de seu esposo, que sempre foi um bom pai e bom marido mas que, atualmente, está gastando seu salário no jogo e consumindo bebidas alcoólicas. Ela pedia que ele fosse mais feliz, que se fortalecesse espiritualmente e não se entregasse aos vícios, e que a família não sofresse necessidades.

Belizário entregou o envelope na mão do Aprendiz, dizendo:

— Cada um vai pegar este envelope para sentir este pedido de auxílio e buscar qual sentimento ocorre no instante que tocar este envelope.

O Aprendiz disse:

— Humildade. Passou em seguida o envelope para a Companheira, que disse:

— Fé em Deus.

Depois foi a vez do Ouvinte:

— Amor pelo seu marido.

E a seguir, a Irmã:

— Tenho vontade de chorar.

O Aluno disse:

— Sinto uma tristeza.

Benedito foi o último a se manifestar:

— Sinto uma decepção.

— Pois bem – disse Belizário, – os três primeiros conseguiram captar os sentimentos superiores que estão nutrindo a mulher intercessora do marido. Já os três últimos captaram os sentimentos contrários que, de vez em quando, ela também nutre. O nosso auxílio, ou seja, a nossa influência mental a partir de agora será a de manter, de sustentar os pensamentos superiores e saudáveis da jovem senhora cujo pedido de intercessão vamos atender, certo?

Saíram e brevemente estavam todos à frente daquele lar.

Entraram pelo portão e viram alguns Espíritos desencarnados por ali. Um deles veio ao encontro do grupo, agradecendo a disposição de todos em ajudar. Ele era o mentor espiritual da intercessora.

A mulher lavava roupas no tanque, seus filhos brincavam e tomavam sol no quintal, uma jovem com duas crianças eram Espíritos que brincavam e protegiam as crianças. Uma garota maiorzinha fazia suas lições na mesa da cozinha. Um Espírito feminino auxiliava a garota nas suas lições escolares. O pai estava dormindo, trabalhava à noite, deveria chegar bem cedinho, mas chegou depois do meio-dia e foi para a cama. Alguns Espíritos de aparência descuidada cheiravam a álcool e dormiam no tapete ao lado da cama.

O mentor da intercessora esclareceu:

— Ela tem confiança de que Deus pode ajudá-lo porque ela sabe que ele é um homem bom. Quer vê-lo feliz com a família, mas ele sofre com as dificuldades financeiras. Ela é uma mulher humilde, contenta-se com pouco, quer paz e harmonia, está um tanto decepcionada com o casamento, às vezes pensa em separação conjugal caso ele não se modifique. Ela tem fé que Deus nunca vai desampará-la e está se controlando bem, emocionalmente, mas sente algumas vezes vontade de brigar com ele e não o faz porque acha que a situação pode piorar.

Belizário aproximou-se dela e pediu que vibrássemos em seu favor mais confiança em Deus, e que as vibrações do grupo a envolvessem para que ela pudesse desvencilhar o pensamento de suas preocupações. Foi quando ela sentou-se na soleira da porta. Olhou seus filhos brincando, olhou para o sol, o dia estava lindo. Sentiu-se amada por Deus!

Depois ela observou o quintal que estava sujo, as plantas mal cuidadas e decidiu fazer uma boa limpeza.

O grupo foi até ao homem que dormia, Baltazar o chamou. Ele em Espírito acordou e levantou-se sonolento, o corpo ficou na cama, mas o Espírito começou a andar pela casa. Baltazar convidou o grupo orar desejando doar energias para que ele tivesse mais luz para seu próprio esclarecimento. Ele foi sendo envolvido por essas energias quando, de súbito, viu os Espíritos que dormiam no chão. Foi até eles gritando:

— Não é para entrar em minha casa, eu já disse isso a vocês!

Os Espíritos se retiraram e foram dormir lá na calçada da rua. O grupo continuava a vibrar energias, conforme a orientação de Belizário, agora para que ele se sentisse muito amado por Deus. Ele voltou para o corpo, encaixou-se e despertou, não se lembrava do que ocorreu agora há pouco fora do corpo, mas guardava intimamente um novo sentimento. Resolveu tomar um banho e fazer a barba. Olhou-se longamente no espelho e viu como estava envelhecendo, que precisava cuidar-se mais. Estava muito enfraquecido, precisava ter firmeza de vontade, procurar o que fosse melhor para ele e não o que lhe prejudicasse.

O grupo foi até à garota que fazia lição. O Espírito que a velava juntou-se ao grupo e, de mãos dadas, todos oravam envolvendo a garota em energias de amor por tudo quanto fazia.

A menina foi até ao pai para mostrar seu caderno e suas notas. Mostrou-lhe um trabalho escolar que falava sobre o uso de drogas. O pai teve que afirmar para a filha que o álcool e o fumo também são drogas, porém são permitidas socialmente. A garota leu longamente, em voz alta, sobre os males desses vícios.

Enquanto a garota lia para o pai, o grupo foi até o quintal e as energias foram direcionadas às crianças, para que elas não interferissem no colóquio entre pai e filha.

A jovem senhora, a intercessora, animou-se de tal maneira que agora tirava os capins que invadiam o espaço de suas plantas.

O pai diante da filha optou em jurar que ia deixar o cigarro, ao que sua filha o abraçou dando-lhe esperança. Ele não mencionou o álcool, porque por enquanto não era um vício declarado. Toda reforma interior a respeito de vícios sempre deve começar pelo vício mais fácil de ser eliminado. Depois de vencer uma batalha, o vencedor fica mais corajoso para enfrentar outras.

Foi ao quintal e ficou surpreso com a disposição da esposa, pensou que ia encontrá-la nervosa, porque foi o dia em que chegou mais tarde em casa, que mais se excedeu.

— Vejo que você está animada!

— Estou mesmo, quando a gente trabalha com amor tudo fica mais fácil.

— É, estou também mais animado hoje, prometi à nossa filha que vou parar de fumar.

— Já devia ter parado faz tempo!

— Sempre tem o dia "D" e pode ser hoje.

— Deus o ajude, e também a não beber mais, porque eu te amo e isso eu não quero para sua vida nem para a nossa família.

— Um aperitivo de vez em quando não é vício. Confesso que ontem me descuidei, mas isso não vai acontecer mais.

— Que Deus lhe dê forças!

O grupo foi até os Espíritos que estavam na calçada.

— Irmãos, acordem – disse Baltazar.

Eles acordaram atônitos. Baltazar pediu ao grupo que vibrasse para que neles despertassem a conscientização da própria situação.

— Meus irmãos, vocês ainda não se cansaram dessa vida?

— Eu estou cansado de viver, mas não consigo morrer – disse um deles.

Enquanto Baltazar falava com este, Belizário foi falar com o outro:

— Você já pensou na vida que está levando, você está mais morto do que vivo?!

— Consigo o que preciso; logo, estou vivo.

— Você já viu como você consegue o que quer? O quanto prejudica aquele homem, que é um pai de família? A sua influência traz muito sofrimento para eles.

— Ele obedece se quiser.

— Você não fica preocupado que a infelicidade nesse lar seja por sua causa?

— Não estou sozinho; se ele não quisesse beber, fumar, jogar, que são as coisas que gosto, eu então me afastaria dele.

— Mas ele merece uma trégua, que sua influência cesse para que ele deixe tudo isso.

— Então vou procurar outro que aceite fazer o que quero, para fazermos juntos.

— Meu irmão, mas sempre você estará prejudicando a alguém.

— Eles que se danem.

— Você não gostaria de também ser auxiliado a deixar essa vida?

— Bem, eu gostaria de não querer, não precisar, mas eu preciso, sou um viciado.

— Não gostaria de receber um recurso divino e mais sua vontade de deixar tudo isso para poder se libertar da escravidão do vício?

— Gostaria de tentar, não posso nem falar que quero. Se você que parece ser bom me ajudar, posso tentar.

— Então vamos, que eu o acompanharei.

Belizário despediu-se do grupo e foi conduzir o Espírito que, por ora, estava dando uma trégua ao auxiliado de hoje.

Enquanto Baltazar dialogava com aquele Espírito, Bruno amorosamente falava com outro.

— Oi, irmão, como você está?

— Estou bem, obrigado.

— O que você está fazendo por aqui?

— Não é da sua conta.

— Desculpe, mas interesso-me pelo seu bem.

— Você me conhece?

— Sei que você é meu irmão, somos filhos de Deus.

— E que Ele esqueceu de mim.

— Não será que foi você que esqueceu d'Ele, embora Ele nunca o tenha abandonado e esteja sempre olhando o que você faz?

— Pode ser.

— Você não gostaria de ir embora daqui, para ficar junto de pessoas queridas, que você ama e que amam você?

— Gostaria, mas as pessoas que amo já partiram.

— Só o corpo é que morre. Essas pessoas estão vivas, agora em outra dimensão que os olhos da carne não podem ver.

— Então é por isso que não posso ver.

— Meu irmão, você não percebe que alguma coisa mudou em sua vida?

— Estou cada vez mais enchendo a cara, que já nem acho o caminho de casa.

— Você também partiu para a Espiritualidade e nem se deu conta disso.

— Como?

— Dê uma olhada no que se passou, para você saber da sua nova situação.

Bruno rogou, amorosamente, ao grupo que envolvesse o assistido de muita luz para seu esclarecimento. E ele pôde ver e sentir quando seu organismo perdeu as forças, foi morto e enterrado.

— Espera aí, eu não estou naquele túmulo, eu saio para a farra todas as noites, não fiquei lá.

— Você é um Espírito, que não morre nunca, só o corpo morre. Você está onde estão os seus pensamentos. Você queria sair por aí, beber e se divertir, não é mesmo?

— Na verdade, é isso mesmo.

— E aqueles que foram antes de você estão no lugar que escolheram para si mesmos, mas o aguardam para abraçá-lo. Você não gostaria de visitá-los?

— Você sabe onde eles estão?

— Vou ajudar você a encontrá-los.

— Mas eu não vou sair daqui antes de ter certeza, porque aqui tenho amigos.

— Um deles já foi com um do nosso grupo.

— Quem vocês são?

— Somos auxiliares de Jesus, moramos no Lar São Germano. Lá teremos condições de localizar seus entes queridos.

Bruno despediu-se do grupo e seguiu com o assistido. Já Baltazar verificou que o Espírito que conversava na calçada precisava de uma equipe socorrista que pudesse levá-lo, e aguardavam a chegada do socorro, que não demorou muito. Essa equipe atendeu ao chamado, levou o Espírito assistido em padiola e seguiu rapidamente para outro destino, bem próximo da crosta terrestre, para um socorro imediato.

O grupo se entreolhava, aprendia em silêncio, certamente poderiam fazer perguntas, quando fosse oportuno, na sala de aula.

Após o socorro, todos retornaram ao Lar e se despediram ali mesmo no jardim, tendo o grupo que aguardar a próxima aula para demais esclarecimentos.

o auxílio continua

Capítulo 7

Benedito gostou de ser útil, embora de maneira nada braçal. Tinha de usar a força de seu pensamento e de seus sentimentos. Um ótimo exercício de amor ao próximo. Começou a sonhar como poderia ser a ajuda, caso o auxílio fosse para Florinda e os seus.

Ela teria que solicitar o auxílio, mas não tinha o hábito de orar. Como conseguir que alguém intercedesse por todos eles? Não vinha em sua cabeça quem pudesse fazer isso, sempre ficou arredio de todos os parentes que moravam distante. Restava só ele mesmo para fazer essa intercessão, rogando a Deus que sua família fosse auxiliada como só Deus saberia.

Benedito foi para a sua tarefa, que na verdade não parecia ser uma tarefa, porque fazia tudo com tanto amor, que fazia simplesmente o que queria e aparentemente nem trabalhava.

Estava saudoso de conversar com alguns assistidos, porque quando se afastava, como naquele período de aula, parecia-lhe adquirir alguma inspiração. Teria outros recursos para confortar e esclarecer a cada um, na verdade dando aos outros aquilo que recebeu de dedicados servidores, mas a cada um, de maneira peculiar, fazendo-o crer mesmo que cada caso é um caso diferente e requer argumentos diferentes.

Às 18 horas, uma *Ave-Maria* vibrava no ar, música suave a convocar espontaneamente a todos para se dirigirem ao jardim. Benedito já contava com companheiros de trabalho ao seu lado, porque sabia que Padre Germano estava ocupado com outros recém-chegados. No entanto, quando pensava que estava meio esquecido pelo padre, eis que ele surge em meio aos outros para sorrindo abraçá-lo. Benedito o abraçou meio envergonhado, mas a naturalidade com que o padre o abraçou afetuosamente deu-lhe forças para, em outra oportunidade, buscá-lo e abraçá-lo por sua vez como intimamente queria, mas aguardava-lhe o gesto.

— E tu como estás?

— Graças a Deus estou bem, muito bem, padre.

— Tu estás aprendendo e exemplificando o que está aprendendo.

— Gosto do que faço agora, mas gostaria de ser ainda mais útil.

— Tu te ocuparás ainda mais, à medida que acompanha o irmão que aqui chega, até que ele se restabeleça. Esse acompanhamento natural que estarás fazendo dar-te-á muito trabalho e muitas alegrias.

— Minha alegria seria também a de auxiliar Florinda e...

— Tudo a seu tempo, coloque-os na mão de Deus.

— Padre, ela não vai fazer uma oração. Então não conseguiremos ajudá-la?

— Tu mesmo dizes aos outros que Deus não desampara a ninguém, não é mesmo?

— Sim, digo.

— Acaso não confias no que diz? Tu não fostes ajudado, Benedito?

— Sim, fui. E sinto-me constantemente ajudado.

— Pois bem, a pessoa pode estar continuamente ligada com o Alto, ocupando-se com seus deveres no trabalho, na família, no aprendizado da Vida. O que vai importar é a postura espiritual diante do que faz e do que pretende fazer. Se há esperança, confiança no amor de Deus, esforço para a luta de cada dia, tudo isso é uma oração ativa.

Esse breve contato com o Padre Germano renovou-lhe as energias. Afinal, quem era ele para saber o que se passava na cabeça, no coração e na vida de Florinda?

Estava animado com o Curso de Auxílio. Queria saber detalhes de como se definia o serviço do bem em favor aos encarnados, sem deixar, contudo, de ajudar aos desencarnados.

— Queridos irmãos, hoje vamos visitar os irmãos que foram trazidos para o Lar São Germano, para que consigam se desvencilhar da densidade vibratória terrena. Estão ainda sob forte influência da matéria e até mesmo com a morte do corpo não conseguiram fazer a verdadeira transição, da vida material para a espiritual. Nosso amor, com sincero desejo de que eles despertem da ilusão terrena para a verdadeira vida do Espírito, eis no que consiste o nosso auxílio – disse Belizário.

O grupo foi para o alojamento onde o Espírito estava em repouso no leito, em sono profundo. Aproximou-se do grupo uma senhora discreta, serena, cujo olhar irradiava ternura e compreensão. Bruno cumprimentou-a e apresentou-a ao grupo como a mãe de Jorge, o assistido.

— Muito obrigada, meus irmãos, essa tarefa eu não poderia fazer sozinha.

Ela procurou suas mãos, para que juntamente com eles formassem uma ciranda em torno do leito. Fechou os olhos buscando palavras para exprimir seus sentimentos:

"Meu filho, estou aqui, viva, e não o esqueci jamais. Deus é bom e deu-nos uma separação temporária para observar o nosso crescimento. Agora podemos estar juntos outra vez. Quero lhe mostrar a linda casa onde moro, e você pode ficar comigo. Nosso jardim é tão bonito e Deus é tão bom para conosco. Assim como eu, você tem amigos que aguardam o seu retorno. Vem, meu querido, deixe tudo para trás, olhe para a frente e vamos buscar Deus, nosso Pai, nosso Criador. Vamos rogar a Ele muita serenidade, para que você possa separar a experiência de ontem da vida imortal de hoje. E assim, confiante no auxílio divino, o aguardamos com muito amor..."

Enquanto ela falava e orava a Deus, uma luz se fez naquela roda. Bruno canalizava essa luz para alguns pontos do corpo espiritual do irmão em repouso.

Ao término daquelas vibrações amorosas o grupo se retirou silenciosamente, talvez para não quebrar aquela energia de confiança em Deus, que promove tantos bens espirituais ainda ocultos aos olhos do homem. Já no corredor ficaram sabendo que aquela mãezinha viera de uma outra colônia espiritual, para agora ficar ao lado de seu filho amado.

Bruno esclareceu:

— Jorge, sem concepção alguma sobre a vida ou a morte, viu-se só no mundo terreno, depois da partida dos seus entes mais queridos. E foi desprezado pela parentela que restava. Primeiro, pelo seu próprio orgulho, não querendo incomodar ninguém. Ainda, pelos seus vícios não compatíveis com as criaturas que queriam vê-lo numa situação melhor. Ele não achava que incomodava o encarnado que visitamos, pelo contrário, somente o convidava, isto é, sugeria, influenciava-o a beberem juntos alguns aperitivos. O encarnado se excedia, porque afinal de contas bebia por dois ou mais companheiros espirituais.

— Com licença. Sei que o encarnado com algum vício atrai Espíritos desencarnados com o mesmo vício. Por que isso acontece? – perguntou o Aprendiz com sede de aprender.

— É uma lei divina, meus irmãos, que semelhante atrai semelhante, ou seja, assim como nós fomos atraídos para estarmos juntos por sintonia espiritual, o viciado em qualquer coisa, sempre, mas sempre mesmo, estará acompanhado de um ou mais desencarnados que se comprazem no mesmo vício. Vejamos, nós estamos reunidos pela mesma vontade de auxiliar o próximo. Ainda que inicialmente quiséssemos auxiliar a alguém que permanece encarnado, o fato é que queremos aprender como ajudar. Logo, nós estamos juntos, mas sim porque fomos atraídos uns para os outros pela maravilhosa lei unversal de que os semelhantes se atraem.

Saibam ainda que o nosso corpo espiritual, chamado também de perispírito, é a matriz para formar duplas cópias: a carnal e a vital.

A cópia carnal é material, enquanto que a cópia vital é etérea. Todos os corpos materiais, plantas, animais, seres humanos são cópias de uma matriz espiritual. Essa cópia carnal é chamada de corpo, enquanto que a cópia vital é conhecida como o nosso duplo vital ou etéreo. É esse duplo vital que mantém o perispírito e a carne ligados.

A morte do corpo é inevitável. Entretanto, o Espírito permanece vivo após a morte do corpo, agarrado à matéria, porque retém esse duplo etéreo por alguns dias, período mais ou menos longo, dependendo do seu desprendimento espiritual da matéria.

Os Espíritos com mais dificuldade de desprendimento da vida terrena perambulam entre os encarnados, captando de maneira inconsciente suas energias vitais, na ânsia de manter a vida, dificultando ainda mais se desvencilhar do duplo etéreo, que já não é mais necessário à vida do Espírito.

— O Espírito desencarnado rouba a energia do Espírito encarnado que lhe satisfaz os vícios?

— Não. Esse saque de energias vitais se dá em concordância com o encarnado que se compraz no mesmo vício. Tanto é verdade, que uma pessoa encarnada pode transferir para outra pessoa encarnada um pouco de sua energia vital, se há interesse de beneficiar alguém com falta de ânimo e forças físicas. A transferência se faz sob ação própria com benevolência e sob ação dos Espíritos auxiliares, conforme a lei de amor, que veremos em outra oportunidade.

— Bem, se o desencarnado pode consumir essa energia vital, então o que o encarnado consome? – perguntou a Companheira intrigada.

— Uma matéria que não o satisfaz.

— Oh, coitado do encarnado! Por isso ele mais e mais consome, em busca de satisfação!

— Exatamente. Ele não retém mais a satisfação inicial, porque o desencarnado sacou em benefício próprio, deixando para seu "escravo" voluntário quase nada.

— A mãe de Jorge sabia que ele viria para cá? – perguntou o Ouvinte pensativo.

— Ela sabia que um dia haveria o reencontro espiritual, porque os que se amam também são atraídos um para o outro. Embora ela viva atualmente em uma colônia espiritual, ao ser informada sobre o recolhimento de seu filho em nosso Lar logo teve permissão para estar à cabeceira de seu filho amado – explicou Bruno.

— Em breve ele sentir-se-á leve e feliz, tenho intimamente essa certeza – disse a Companheira, confiante.

—Você tem fé, irmã, porque sabe que isso é possível.

— Já aconteceu de o desencarnado ser trazido para cá, não se adaptar e voltar a perturbar os encarnados? – o Aluno conjeturou.

— Já. Há Espíritos que valorizam o Bem somente depois que o perdem. Perturbam-se, porque não sabem discernir entre o bem e o mal. Um Espírito perturbado torna-se um elemento perturbador onde quer que esteja, desencarnado ou não.

— Benedito refletiu e perguntou:

— Seria possível alguém encarnado não se deixar envolver pela influência de um Espírito perturbador?

— Claro. Basta não deixar os pensamentos em desalinho, fora da higiene mental que o Bem proporciona. Os pensamentos não devem se desviar do foco de luz que é o Bem.

Iriam agora visitar o desencarnado que fora encaminhado por Belizário.

Foram até um departamento que cuida de refeições para recém-desencarnados. Esse lugar não havia sido visitado por Benedito, porque desde que ali chegara alimentava-se de suco de fruta com nutrientes ao cair da noite, o que lhe dava vigor espiritual e material também, porque seu corpo, embora fluídico, chamado de perispírito, ainda é semimaterial, ou seja, de uma matéria etérea carente de recomposição.

O grupo seguiu até Marcos, que estava ali para alimentar-se e auxiliar um pouco nas tarefas, enquanto ia recebendo de tempo em tempo uma série de aplicações terapêuticas em profundidade, de modo a se reequilibrar emocionalmente.

— Olá, Marcos, como vai? – perguntou Belizário ao se aproximar sorrindo.

— Oi, que bom ver vocês! – todos o cumprimentaram fraternalmente, abraçando-o e vibrando um sentimento de sincero desejo pelo seu progresso.

— Como você se sente com a terapia?

–Estou me sentindo mais moço. É mesmo, estou mais forte e ágil, parece que rejuvenescido.

— E a tarefa?

— Fiquei deslocado quando cheguei, mas fui tão bem recebido que sinto já ter amigos aqui.

— Sabendo que você pode usufruir um breve descanso, podemos aproveitar esse intervalo para irmos ao jardim. O que você acha?

— Claro. Tenho participado da oração coletiva no jardim, mas ainda não caminhei para conhecê-lo melhor.

Eles foram a passos lentos, falando a respeito do jardim como local de inesquecíveis reencontros de almas que se amam e que ficaram temporariamente distantes.

De repente, todos ficaram extasiados com a fonte que parecia cantar em movimento e vida. Belizário, acompanhando a água que deslizava, disse:

— Esta água é um remédio para você, Marcos. Quando tiver uma forte lembrança dos vícios, venha tomar esta água que está fluidificada de amor.

— Confesso que, infelizmente, às vezes sinto vontade do álcool e do fumo, mesmo sabendo que são prejudiciais.

— Marcos, isso é uma luta entre o que você é e o que você quer ser. Definindo suas escolhas, você terá a vontade como impulso para suas conquistas ou fracassos.

— Meu lado era difícil, porque também o encarnado influía e mantinha meus vícios. Aqui me sinto liberto, para decidir minha vida daqui para frente. Serei um louco se eu não aproveitar esta chance de renovação – explicava Marcos.

Naquele instante, em meio à paisagem, surge a figura de uma jovem que se encaminha para eles, sorridente.

— Meus irmãos, esta é Amália. Uma "velha" amiga de Marcos. Eles poderão conversar muito no jardim, como o fazemos agora. Antes de deixá-los, vamos orar juntos pelo fortalecimento espiritual do nosso irmão.

Todos deram as mãos e fecharam os olhos para maior enlevo espiritual. Amália começou a orar:

— Pai amoroso, obrigada Senhor, por estarmos assim juntos. Recolha de nossos corações os mais doces sentimentos que em forma de energia vão fortificar o nosso querido Marcos. Que ele possa abrir-se espiritualmente para deixar entrar o nosso carinho, que possa ter confiança em Deus e compreensão de que, junto a nós, vai conscientizar-se cada vez mais sobre verdades tão próximas. Marcos, bem-vindo ao Lar São Germano que o acolhe com paz e luz, porque nós também o amamos.

Parece que os sentimentos diziam mais do que as palavras, tanto diziam mais, que aquelas palavras carregadas de magnetismo tocaram o coração de Marcos, que deixou derramar duas lágrimas discretas.

Benedito agora compreendia que o Lar São Germano era uma oficina de amor para atingir múltiplos resultados: harmonização do recém-desencarnado, reencontros espirituais, proteção e recuperação dos mais infelizes, conhecimento expandindo a consciência dos mais desprendidos, oportunidade de serviço em favor dos familiares e amigos no exercício do Bem e prática do aprendizado.

Afastaram-se. Irmã desejou saber notícias do Espírito desencarnado que fora socorrido por Baltazar.

— Meus irmãos, há um delicado exame espiritual realizado por outros Auxiliares que, mesmo a distância, verificam a possibilidade ou não do Espírito ser socorrido no Lar São Germano.

— E para onde ele foi? – inquiriu a Irmã, mais uma vez.

— Foi encaminhado a um pronto-socorro espiritual para suicidas. Sei que às vezes fica difícil um Espírito ser reconhecido de imediato, mas ele foi...

— Meu primo – completou a Irmã.

— Sim, é ele mesmo.

— Eu e meu primo Oscar brincávamos juntos na infância. Depois passamos a morar muito distante um do outro. Mal acompanhei seu crescimento e juventude. Casou-se cedo e não sei se tinha filhos.

— Irmã, você traz na memória somente boas lembranças e recorda com carinho aqueles tempos idos. Você está limpa em relação a ele, enquanto outros familiares, já do lado de cá, têm os corações minados de péssimas recordações. Compreendendo que nem sempre o viajante retorna vitorioso de sua jornada terrena, podemos avaliar o auxílio de que nosso irmão precisa.

— Eu poderia ir até ele e auxiliar de algum modo?

— Sim, pode. Ele ainda está adormecido. Precisa de vibrações de bem-querer para um despertamento sereno. O diálogo deve ser conduzido com otimismo e esperança em dias melhores, exaltando a confiança em Deus, que é justo e bom.

— Saberei fazer isso – respondeu a Irmã com um delicioso sorriso, na alegria de ser útil.

— Estarei também ajudando, você não ficará sozinha.

— Obrigada, Baltazar.

— Pronta para irmos até lá?

— Claro que sim.

Despediram-se do grupo ali no jardim. Os aprendizes ficaram imaginando como seria aquela aventura espiritual em favor do ente querido da Irmã. Para surpresa de todos, Bruno concluiu:

— Quem serve com amor esquece as próprias dores. A reabilitação do assistido promoverá nela mesma uma renovação. Um estará auxiliando o outro sem o saber. Ambos são almas que se amam, porém não puderam ficar juntos nesta vida, enquanto não cumprissem um resgate e uma separação temporária.

— O que os levou a não merecer ficarem juntos nesta última reencarnação? – perguntou o Aluno.

— Não vamos olhar a situação como uma questão de mérito ou não, e sim como um recurso evolutivo.

— A separação ou o suicídio foi um recurso evolutivo? – ainda o Aluno perguntou.

— A separação foi um recurso evolutivo. Saibam que o suicídio nunca está previsto nos desígnios de Deus, assim como as guerras e outros desatinos cometidos pelo homem com a posse de seu livre-arbítrio. O homem exerce o mal sem conceber a ideia dos prejuízos que causa.

— O suicida é um infeliz, porém não causa mal ao próximo, somente a si mesmo – opinou a Companheira.

— O suicida atravanca o destino de outras criaturas e isso é de uma responsabilidade imensa. Antes de reencarnar ele fez promessas e projetos futuros envolvendo outros Espíritos que lhe aguardavam o roteiro terreno. Sem dúvida ele se atrasa na caminhada evolutiva colocando em risco todos os que confiaram nele.

— Ah! É assim! Então o suicida é, antes de tudo, um Espírito que não soube amar ao próximo nem a si mesmo! – arrematou a Companheira.

— A pluralidade de vidas terrenas favorece ao ex-suicida um exercício de solidariedade, até que ele descarte para sempre a ideia de fuga das responsabilidades pela porta do suicídio.

Benedito a tudo escutava e cada vez mais apreciava o grupo de estudo. Aprendia muito, sobretudo aspectos importantes da vida do homem espiritual.

Como Espírito eterno, tinha melhor visão de sua verdadeira situação, logo sabia recolher os frutos de sua última reencarnação.

Além disso, Benedito recuperou uma capacidade de leitura e escrita adquirida no passado, que ficara adormecida.

Sabendo agora que nada se perde na noite dos séculos passados, Benedito explorava suas próprias potencialidades e também verificava suas necessidades de progresso para o próximo projeto reencarnatório.

Observou que ele deu mais valor e interesse aos sentimentos do que ao intelecto, na última reencarnação. Gostaria de novamente assim o fazer, porque o excesso de intelectualismo no passado mais remoto dificultou-lhe o exercício da solidariedade, compaixão e caridade, que hoje está mais fácil de cumprir. Gostaria de ter uma capacidade de amar ainda maior e roga a Deus auxiliá-lo a amar incondicionalmente a tudo e a todos sem, nenhum impedimento egoísta.

Percebe agora o quanto fora provado por Deus, para encaminhar sua família ao trabalho e ao bem-querer uns aos outros. Receberia como acréscimo divino a condição de auxiliá-los em hora oportuna. Sentia-se feliz com tudo que recebeu com a bênção de Deus.

Benedito conseguia agora, com mais segurança, ouvir os assistidos em refazimento espiritual, acatar auxílio divino e transmitir docilmente um conselho amoroso, uma palavra sadia impregnada de esperança e esclarecimento.

Encontrava amigos de outras existências no propósito do mesmo Bem e que foram companheiros de outrora. Juntos refletiam sobre a importância de vigiar os próprios pensamentos e palavras, porque são agora condutores de almas. E quando esses idealistas se reuniam, obtinham um raciocínio mais lógico e um sentimento mais sincero.

— Padre Germano, o cumprimento de nossos deveres religiosos, quando encarnados, não nos trouxe a felicidade que aguardávamos. Por que falhamos, se queríamos ser bem-sucedidos como administradores divinos?

— Porque não tivestes o objetivo de expandir a consciência de cada irmão. Eles tinham de aceitar dogmas, crenças, orações sem questionamentos, assim como os próprios religiosos do templo tiveram que aceitar. O cumprimento do dever religioso era rigoroso, não contando com a boa vontade de cada fiel. Objetivava-se a fé, porém cega e não compreendida. É muito diferente ser fiel à igreja e não a Deus. O sermão não aperfeiçoava o homem, mas sim fazia crescer o alcance da igreja.

— Padre Germano, como conseguiu ser revolucionário e ao mesmo tempo elevar-se espiritualmente apesar de todas as censuras, críticas e remoques daquele tempo?

— Eu não podia aceitar aquilo em que não acreditava e eu acreditava no que eles desconheciam. Mediunicamente eu tinha contato com meu mentor espiritual, que esclarecia minhas inquirições e incentivava-me sentimentos fraternos, fazendo-me confiar em mim mesmo. A adesão de alguns companheiros do clero ao meu raciocínio demonstrou-me que eu não estava sozinho no céu nem na Terra. A união faz realmente a força, pois cá estamos juntos neste trabalho de amor e simplicidade.

— Padre, a naturalidade com que amamos e servimos aqui não me lembra mais o templo religioso de antes. Tudo tem alegria, liberdade, paz. Até mesmo quando visitamos famílias na Terra, o Grupo de Auxílio é harmonioso, ativo, sem preocupações exteriores – exclamou Benedito embevecido.

— A interpretação dos ensinamentos de Jesus nos novos tempos é voltada para o significado que eles possam ter na nossa vida diária, de burilamento espiritual, para uma reformulação interior constante, para nosso aperfeiçoamento.

— Ainda assim, nos moldes dogmáticos, rígidos e superficiais, alguns clérigos conseguiram realizar bem a sua parte.

— Sim, meus irmãos, e eu nesses moldes também até poderia, mas não seria feliz. Eu não conseguiria sequer subir ao cume de um monte sem levar comigo outras almas queridas. Por isso que as reunia para secretamente termos a liberdade de refletir sobre os ensinamentos do Mestre.

— Somos agradecidos por tudo que faz em nosso favor também agora.

— Saibam, queridos, que é preciso agradecer a Deus por tudo que Ele nos tem ofertado. Querendo unir-nos, eu somente exercito esse sentimento lindo de solidariedade.

— Vejo que o Lar São Germano acolhe Espíritos que foram eclesiásticos e mesmo aqueles que em outras vidas já largaram a batina.

— As leis divinas e os ensinamentos do Mestre Jesus formam o roteiro seguro a ser seguido, mas as interpretações que os homens dão aos ensinamentos recebidos divergem formando vários cultos. Importa é que, quando a alma está sedenta de luz, ela procura novas instruções espirituais e modela sua trajetória de vida de maneira que, quanto mais exercita o que aprende, mais mérito tem para receber um maior aprendizado – falava o Padre Germano com naturalidade.

— Como fazer para que as criaturas compreendam os ensinos do Mestre?

— Basta colocar em prática a máxima: Amar a Deus sobre todas as coisas e ao próximo como a si mesmo. Se a criatura procura exercitar esse amor, não há de rejeitar a vasta literatura de pensadores, encarnados ou não, que exploram nossa capacidade de sentir e retirar os bloqueamentos psíquicos que nos impedem a elevação espiritual.

— Padre, os católicos não leem obras espíritas ou espiritualistas porque temem os demônios?!

— O bloqueio psíquico que mais limita o progresso é o preconceito, o exclusivismo. A ideia do demônio é uma invenção para fantasiar o preconceito e ao mesmo tempo difundi-lo nas massas mais ignorantes.

— Eu mesmo nunca topei com um demônio por aqui – ponderou Benedito.

—Todos somos centelhas divinas, criadas por Deus, simples e ignorantes. À medida que evoluímos, chegamos à categoria de Espíritos ou seres humanos quando encarnados. Na escalada evolutiva, se hoje somos avaliados como Espíritos maus, amanhã seremos bons. Na certeza de que Deus misericordioso nos proporciona constante evolução, sem regressão espiritual em nossas conquistas, os Espíritos maus de hoje serão os Espíritos bons de amanhã, enquanto que os bons de hoje serão os anjos de amanhã, fiéis executores da vontade divina.

— Demônio e anjo são palavras que indicam os extremos da degradação ou da elevação do Espírito.

Todo demônio será um anjo! – disse Benedito registrando mentalmente o esclarecimento.

— A palavra "demônio" é o nome popular do Espírito perverso e ignorante, um apelido de transição, não há demônios eternos. Com a constante emancipação das almas nas lutas terrenas, os Espíritos têm uma escalada gradual de aprimoramento muito ampla e distante do "Inferno", que também foi criado como morada definitiva dos demônios.

— Inferno não existe! – disse um deles, e todos se entreolharam.

— Inferno é um estado d'alma, que se atormenta envenenada pelos próprios pensamentos daninhos para si e para o seu próximo.

— E o Céu?

— É um estado d'alma que vê somente as oportunidades de fazer o Bem, como tarefa redentora e de crescimento para sua ascensão espiritual.

— A humanidade terrena conseguirá vivenciar esse Céu?

— Parte da humanidade não tem ouvidos para ouvir e entender sobre o que estamos falando. A outra parte hesita na fé, vacila no amor ao próximo, teme, foge; esses precisam do incentivo, do exemplo. Todavia, alguns já vivem um céu interior e deixam suas marcas na vida terrena.

o auxílio solicitado

Capítulo 8

O curso de Auxílio teve mais algumas aulas e foi encerrado, porque a prática já era um constante aprendizado e contato regular com os jovens Baltazar, Belizário e Bruno.

Benedito vivia uma vida plena de realizações no âmbito da assistência espiritual junto aos irmãozinhos que chegavam ao Lar São Germano precisando de repouso, diálogo, intercessão junto aos familiares, remoção para colônias vizinhas, visitas de auxílio na crosta terrestre com os abnegados irmãos dos departamentos da Prece e do Auxílio. Faziam também alguns socorros espirituais em zonas de muito sofrimento onde são encontrados irmãos em resgates dolorosos.

Uma tarde, quando Benedito estava absorvido pelo trabalho e estudo que empreendia, já sentindo tão distante daquela última existência terrena, foi chamado para estar com o Padre Germano sem demora.

Benedito saiu feliz, pois sempre era muito agradável entreter uma conversa sadia com o amigo. Naquele dia, certamente algo seria diferente, porque nunca fora até ele com maior pressa.

Abraçou o Padre Germano que se encontrava num banco do jardim. Recebeu um sorriso magnífico.

— Este é um momento importante para ti, Benedito.

— O que está acontecendo?

— Sua amada Florinda encetou o hábito salutar em sua vida, de falar com Deus todas as noites.

— Que bom, tenho certeza de que ela será auxiliada.

— Durante o sono, Florinda desprende-se do seu corpo de carne e vem até o nosso jardim. Já veio algumas vezes, mas não sabe onde se encontra.

— Padre, ela sai do corpo e pode vir tão distante?

— Ela tem o amparo do Espírito que a protege. Sua mentora a acompanha até aqui.

— Oh, padre, eu não podia ter uma notícia mais feliz.

— Tu podes esperá-la neste mesmo lugar, certamente ela virá também hoje à noite. Desejo que vós aproveiteis bem o encontro.

— Padre, o que dialogarmos aqui ela se lembrará quando acordar no corpo?

— As palavras não, mas guardará o sentimento vivenciado espiritualmente.

— Preciso não perder a beleza desse encontro, não posso ficar ansioso.

— Tu és muito sensato, amoroso e inteligente, Benedito.

— Tenho tanto para falar a Florinda, que nem sei como começar.

— Ela sabe que tu estás bem. Ela sente isso. Florinda está buscando ajuda, compreensão de sua própria situação como Espírito eterno.

— Nem sei o que ela passou esses anos, padre.

— Saiba ouvir mais do que falar, meu querido.

— Não vou esquecer disso, padre.

Depois da oração coletiva Benedito sentiu-se mais preparado, já permaneceu sentado no jardim. Agradecia a Deus poder ver Florinda outra vez. "Por que somente agora, depois de muitos anos, poderia saber como viveram sem ele? E agora, ajudá-la, poderia?"

Estava pensativo, quando ao longe avistou uma moleca que alegre andava pelo jardim, acariciando uma flor ou outra. Lembrou-se da rapariga de olhos negros que fisgou seu coração decididamente. Quando a jovenzinha se aproximava, ele pôde reconhecê-la: Florinda.

Benedito levantou-se e foi ao seu encontro a passos lentos. Quando se aproximou mais, disse:

— Parece que, como eu, você gosta de flores.

Ela sorrindo olhou para ele. Depois ficou pensativa, silenciosa, olhando ainda mais, e perguntou?

— Dito, é você?

— Sim, sou eu, Florinda, eu não morri!

E juntos buscaram os braços um do outro. Ficaram assim, silenciosamente, seus olhos estavam molhados de felicidade.

— Que lugar bonito é este?

— É o Lar São Germano, que nos recebe com a graça de Deus.

— Tenho vontade de ficar aqui para sempre.

— Um dia você virá para ficar, sem ter de retornar à labuta terrena.

— Aprendo muito com tudo.

— Isso é o que importa. E a família como está?

— Fomos morar na cidade quando Seu Quinzinho voltou do estrangeiro. Tive que decidir isso, as crianças precisavam estudar. Fui trabalhar na casa de Dona Anna, aquela que comprava as nossas galinhas. Ela arranjou uma casinha para eu pagar com o meu serviço. Seu Leotério fez nossa mudança. Infelizmente não me dou mais com ele, porque na hora que eu mais precisava de ajuda ele aproveitou para se oferecer, se eu me tornasse sua amante na cidade. Decidi que não, e Deus deu um jeito. Nossos filhos estão moços, uma raça de fibra para o trabalho sem esmorecimento. Quero ver meus filhos sempre em paz uns com os outros. Tenho rezado para Deus, agora frequento a igreja. Deus sempre me ajudou, eu só não sabia rezar. Falo com Ele tudo, tenho preocupações. Parece que Ele responde, não com palavras que não posso ouvir, tudo vai acontecendo como resposta.

— Deus realmente não abandona ninguém! – Benedito disse convicto.

— Todos os nossos filhos aprenderam a ler e conseguiram um trabalho melhor. Eu gosto de trabalhar com a terra, mas é uma vida muito dura, hoje já não teria saúde para isso.

— Você está preocupada com sua saúde?

— Na verdade estou, porque preciso de mais tempo na Terra. Olho nossa netinha para a filha trabalhar.

— Deus sabe melhor do que nós qual a hora certa de mudar-se para cá.

— Não posso ainda, agora não.

— Então vamos pedir juntos para que Deus a fortaleça no corpo e na alma.

— Vamos sim.

Ele começou a orar em voz alta e Florinda, embevecida, acompanhava mentalmente suas palavras de tanta fé e esperança. Uma alegria invadiu seu coração, alegria que nunca sentira. Foi com esse sentimento que ela acordou no corpo. O dia estava mais lindo, ela estava mais disposta e com uma alegria "não sei de quê". Encheu seu lar de vibrações de amor, paciência e certeza de que os dias seriam cada vez melhores.

No meio do dia, lembrou-se de seu falecido marido, achava que até sonhou com ele, mas não conseguia recordar nada.

Benedito, pelo que ficou sabendo, constatou que ela soube tomar algumas decisões. Percebeu que ela estava amadurecida, sabendo escolher o que queria para si e para os seus.

O que mais o impressionou era ver Florinda tão jovem, pois ele mesmo a deixara tão judiada da vida. Um dos companheiros de trabalho esclareceu:

— Essa jovial identidade é a verdadeira Florinda, mas ela ocupa um invólucro material que desgasta e depois morre. Lembro-me de quando você aqui chegou. Olhe-se, você não está mais bonito? – ambos riram.

— Sim, você tem razão. A beleza da alma não se perde – concordou ele.

Benedito foi até ao Departamento da Prece.

— Bom dia, Benedito! – Belizário disse atencioso.

— Que seja um bom dia mesmo, pois preciso de um grande favor.

— Se estiver ao nosso alcance.

— Quando parti da Terra, deixei mulher e filhos. Sempre orei por todos eles, mas nunca foi atendido meu pedido de intercessão. Quis uma oportunidade de ser útil, mas Padre Germano repetia que eu devia entregar-lhes na mão de Deus. Agora soube que ela está em vias de um **auxílio solicitado** e... – Benedito ficou emocionado.

— Calma, meu irmão. Vou solicitar a ficha dela. Florinda, não é mesmo?

— Sim, como sabe?

— Como você pode ver, ela recebeu inúmeras vezes o Grupo de Auxílio.

Benedito leu demoradamente sobre o auxílio em muitas situações e verificou que ele não participou de nenhuma visita.

— Por que não participei do grupo?

— Para não se preocupar e até mesmo não prejudicar o andamento do auxílio que você intercedera. Impedimos que entes queridos mais chegados participem da visita, para evitar envolvimento emocional.

— Graças a Deus não faltou auxílio – murmurou Benedito resignado e satisfeito.

— Já atendemos também ao **auxílio solicitado**.

— Foi feito algo agora em benefício da saúde de Florinda?

— Foi permitido a ela entrar em nosso Lar recebendo um bálsamo de alívio e tranquilidade em nosso jardim. A alegria do encontro que tiveram foi o seu remédio. Dentro de poucos dias, a pretexto de alguns remédios terrenos, ela estará sã, pois precisava mais de amor, esperança e alegria.

— Como Deus é tão bom!

— Continue a encontrá-la no jardim, vocês têm muito que conversar.

— Eu não poderia fazer uma visita e rever a todos?

— Pode, mas não deve. O envolvimento de Espíritos desencarnados junto aos familiares encarnados ainda é o maior transtorno que o Grupo de Auxílio tem encontrado.

— Como assim?

— O desencarnado que se envolve com a situação dos familiares terrenos quer permanecer ali para solucionar os problemas sozinho, sem auxílio de uma equipe mais preparada no momento devido para isso. O desespero, a angústia do desencarnado diante da impotência de intervir materialmente impregnam nos familiares um mal-estar, um desânimo muito infeliz. Alguns familiares choram e chamam o desencarnado, que fica preso em tanta aflição.

— Fui poupado de qualquer transtorno desse tipo.

— Porque você foi dócil aos conselhos do Padre Germano. No entanto você pode ir aonde quiser, somente pela força de vontade de querer lá estar.

— Quero o melhor para todos nós.

— O encontro com Florinda é o que de melhor Deus providencia para vocês. A continuidade desse colóquio de amor puro depende somente de Florinda não abandonar as reflexões que tem feito todas as noites, renovando seus íntimos propósitos espirituais.

— O hábito da prece pode modificar uma vida.

— Pode modificar o mundo, meu amigo, se cada criatura se recolhesse em prece por alguns instantes – ponderou Belizário.

Benedito despediu-se para encetar nova disposição para suas atividades diárias. Estava agora mais tranquilo e refletia que "o intercessor pode ficar oculto ao beneficiado, mas também o auxílio pode permanecer oculto ao próprio intercessor confiante em Deus".

Pensou algumas vezes em concentrar-se no desejo de ir até Florinda, mas sentiu medo. Não poderia arvorar-se em benfeitor sozinho. Se Deus provera que Florinda viesse ao seu encontro, seria indevido desejar o contrário. Aguardou a prece coletiva para preparar-se melhor para outro encontro.

Quando se encontraram, logo se abraçaram como irmãos e amigos.

— Florinda, como você está bonita!

— Estou feliz como nunca estive em minha vida. Estive pensando, aprendi, Dito, que nesta vida nada se consegue sem esforço.

— E Deus compensa o esforço de cada dia, porque às vezes você olha para trás e fica admirada, como você conseguiu realizar tanto, não é mesmo?

— É isso mesmo, até ajuda a confiar mais em Deus e em mim mesma.

— Temos muito que agradecer a Deus, Florinda. Fui informado de que o Grupo de Auxílio daqui foi muitas vezes ajudar a você e toda nossa família. Não podemos nos queixar da vida que merecemos vivenciar e que em muitos aspectos nós mesmos escolhemos.

— Tenho agradecido, Dito. Quantas famílias têm problemas de saúde, desavenças, ambições, enquanto nós, que escolhemos a pobreza, temos tranquilidade, todos se entendem bem e ninguém quer mais do que o outro.

— Parece-me que você conseguiu ser admirada e respeitada pelos filhos. Você pode ter conseguido um grande passo de progresso, para que venha a ser verdadeiramente amada.

— Eu sou muito feliz, consegui reverter os sentimentos deles a meu favor, e hoje eu os amo muito, acho que você sabe disso.

— Nós, Florinda, agora queremos o bem daqueles que no passado prejudicamos, e sinto-me feliz por ter realizado uma parte.

— Oh! Dito, você é bem lembrado por nós, sua simplicidade não querendo mais do que o essencial, sua resignação diante de qualquer dificuldade, sua perseverança no trabalho, nunca ouvimos de sua boca uma queixa sequer.

— Todos nós estamos crescendo espiritualmente, hoje somos melhores do que antes. Que nossos filhos possam já estar estagiando no Bem.

— Dito, quando desejamos amar e conhecer melhor uma alma, ela desabrocha para a luz do nosso amor e do amor de Deus.

— Vivemos muitas vidas terrenas só para aprender a respeitar, perdoar e desejar o bem ao próximo. Só assim o amor começa a ficar presente em nosso coração.

— É verdade. As lições de Jesus são tão simples, mas nós mesmos dificultamos o nosso aprendizado, porque somos ainda muito imperfeitos.

— Estamos nos aperfeiçoando a cada vida.

— Eu nem percebia que prejudicava esse ou aquele em existência passada, mas isso ficou guardado em mim mesma espiritualmente, na consciência, a necessidade de reparação. Enquanto faço hoje o melhor do que antes, vou também aprendendo mais.

— Deus conhece os nossos sentimentos e sabe o que é melhor para cada um, tenho certeza – disse Benedito admirando a sabedoria de Deus.

Quanto mais Florinda se alegrava no lar, mais influenciava os filhos de que o costume de ir à igreja estava fazendo muito bem a ela. Logo uma filha, depois outra, habituaram-se a orar.

Num daqueles encontros com Benedito, Florinda chegou a tempo de participar da oração coletiva no Lar São Germano, e isso não foi por acaso, porque sua protetora espiritual auxiliou-a a conseguir desvencilhar-se do corpo, recolhendo-se para dormir mais cedo.

Após a oração coletiva cheia de júbilo e esperança, Florinda pensou em comemorar o Natal reunindo a família toda, que agora era maior com, genros e netos. E fazer uma oração coletiva!

Florinda sorria entusiasmada de que seria o mais belo Natal, mas confessou a Benedito que receava ter dificuldades para reunir todos.

"Quero interceder em prece para que ela consiga realizar essa festa", ele desejou.

Florinda foi convidando e preparando o coração de cada um. Tivessem o que quisessem para comemorar o Natal, mas fazer uma prece não seria favor nenhum!

E todos foram concordando para satisfazer o que Florinda solicitava, sem querer mais nada.

Na noite de Natal, Benedito caminhava no jardim do Lar, visualizando mentalmente como seria a festa daquela gente que ele amava tanto. Aproximava-se a hora, queria estar com Florinda e orar com a família ao menos uma vez.

De súbito, Benedito avistou uma senda estreita no jardim e não sabia para onde o caminho o levaria. Procurando conhecer melhor o jardim, foi andando. Chegou em um lugar que parecia um quintal de pequena residência. Explorou o local, quando percebeu que já estava na casa de Florinda!

A família foi se reunindo, Benedito foi rcconhccendo um a um, abraçava-os sem ser percebido.

Todos estavam sem jeito, não sabiam como começar a oração coletiva. Benedito teve a ideia de inspirar duas netas a colherem duas flores do canteiro e fazer um mimo à vovó.

Florinda emocionou-se com o gesto inocente das netas com flores para ela, e no íntimo lembrou-se do Lar São Germano, das flores, da prece coletiva, de Benedito. Exclamou em voz alta e trêmula de emoção:

— Meu Deus, se o Dito pudesse ver todos juntos como estamos agora!

Todos ficaram enternecidos, suas mãos se encontraram num estímulo à prece sincera. Benedito sentiu-se atraído para perto de uma das filhas. Sentiu seu coraçãozinho que batia aceleradamente. Ele começou a orar, achava que não seria ouvido, mas sentia a necessidade de abrir seu coração.

— Florinda, Florinda! Estou aqui, o Dito. Agradeço a todos que atenderam esse pedido para juntos erguermos o pensamento a Deus e a Jesus. Que alegria tão grande estarmos juntos na noite de Natal, quando a Terra está em festa de paz e de amor.

Pela reação emotiva de Florinda, de seu filho, de suas filhas, Benedito acreditou estar sendo ouvido por todos e continuou:

— Eu não morri. Somente meu corpo de carne é que morreu. Estou vivo e abracei todos vocês com carinho e saudade, mas vocês não podem me ver. Sou um Espírito, tenho uma vida eterna e onde moro sou muito feliz. Meus queridos, assim como estamos de mãos dadas neste momento, estejam sempre unidos com amor e coragem, um auxiliando o outro, de acordo com as necessidades de cada um, por essa vida afora.

Benedito apertou a mão de sua filha, ela repercutiu esse aperto de mão ao lado e assim todos apertaram suas mãos, confirmando a vontade de serem sempre unidos.

Ele ainda lembrou-se de que Florinda guardava o sentimento de seus encontros no jardim do Lar, precisava materializar a certeza disso e continuou dizendo:

— Florinda, talvez eu nunca lhe disse como falo agora. Saiba que eu a amo e nos encontramos todas as noites, enquanto seu corpo dorme, porque nós Espíritos podemos conversar. E nesta noite, querida, eu vim para juntos agradecermos a Deus.

Florinda assentiu com a cabeça que acreditava que o Dito estava ali presente com a permissão de Deus. Com os olhos rasos d'água, em voz alta, ela fez a prece: *Pai-Nosso.*

A oração se estendeu porque alguns familiares mais sensíveis sentiram vontade de uma prece mais significativa para si do que para os outros, porém envolvidos num clima enternecido de fé e esperança.

Ao término daquele colóquio, Benedito observou que a filha que mais o impressionou foi quem transmitiu suas palavras. Ela teve a sensibilidade de ouvi-lo e repetir as palavras com emoção e sentimento aos demais.

Nem todos puderam acreditar que o falecido marido de Florinda falou pela boca de uma de suas filhas.

A compreensão de Florinda, de que era o Dito mesmo quem falou, foi logo assentando os ânimos de todos, pois era melhor aceitar aquilo que mais tranquilizava a viúva.

Benedito voltou ao Lar São Germano pelo mesmo caminho e ficou admirado como conseguia isso, somente com seu pensamento e vontade.

Florinda e duas filhas, entre elas a medianeira das palavras do pai, foram com entusiasmo contar o fato ao padre na igreja. Aguardaram a missa terminar e os fiéis saírem da igreja, para que pudessem falar com o padre. Ele tinha pressa de fechar a igreja, mas elas tinham que contar ao padre. Disseram que receberam a visita do falecido. O padre ouviu-as sem interrupção, cada qual tinha um parecer sobre o acontecido.

— Padre, o Dito está vivo e feliz no outro lado da vida.

— Eu senti a emoção que ele sentia, enquanto nos falava, e eu o vi perfeitamente: era igualzinho quando eu era criança.

— Padre, todos nós nos sentimos ainda muito amadas por ele.

O padre estava sério, já ouvira falar sobre as almas penadas que sofrem, mas a alegria em que elas estavam não podia ser destruída por ele.

— Orem, minhas filhas, acendam uma vela por ele – o que elas fizeram de pronto, sem contestar. Dizendo isso, o padre pediu licença e saiu a pretexto de ter que cuidar de outro assunto.

refletindo e dialogando

Capítulo 9

O alvorecer envolve o Lar São Germano em uma claridade suportável aos olhos e uma intensa vibração de amor que oferece serenidade e beleza para reflexões constantes. O clima é agradável, sem exageros de temperatura, proporcionando somente bem-estar a todos os servidores e assistidos. O entardecer e o anoitecer não são distintos como se verifica na superfície terrena, embora o mesmo sol que brilha para os homens brilhe para os Espíritos do Lar São Germano.

A tarde é marcada por uma luz tênue, lembrando o começo do horário matinal. A noite inteira não traz a escuridão, mas somente uma penumbra convidativa em que moradores se unem em prece de gratidão ao soberano Criador.

As amorosas vibrações dos tutelados de Deus sobem ao Alto e, em seguida, caem como uma chuva de bênçãos, revelando-lhes o próprio teor vibratório coletivo em forma de luzes. No jardim, coração do Lar São Germano, as flores recepcionam em suas auras essa luz, proporcionando um quadro majestoso de flores multicoloridas que brilham e estimulam os anseios de cada um na causa de um bem maior.

Agora que tudo parece estar correndo bem, Benedito se sente com a certeza de que, onde quer que esteja, deverá sempre ajudar na vinha do Senhor, assim como deseja que seus entes amados sejam ajudados por outros membros auxiliares do mesmo Senhor.

Na expectativa daqueles últimos dias, ele conseguiu compreender que Florinda fora e será sempre uma irmã muito querida. Refletia que quando reencarnamos somos ainda todos irmãos, alteram-se somente as tarefas que cada um deve empreender diante do outro. Fora marido de Florinda e pai de todos os que vieram compor a família, que é o maior empreendimento que o homem realiza nas lutas terrenas. Nessa oficina reencarnatória que é o lar, erguem-se muitos sentimentos novos na alma humana, de maneira que, ao fim da tarefa abençoada, todos retornam para a Espiritualidade mais crescidos espiritualmente, agora destituídos do cargo a que foram submetidos e apresentando o que de melhor puderam realizar. Depois da jornada terrena, olhamos uns aos outros como irmãos que somos naturalmente, com algumas lembranças sobre uma ou outra reencarnação em que tivemos um trabalho de equipe designado por Deus.

Então o objetivo maior da equipe no lar é fazer com que cada um evolua um pouco mais. Esse é o objetivo das sucessivas reencarnações, até que o Espírito, de posse das qualidades que o fazem superior, não tenha mais que reencarnar na superfície terrena, fazendo jus a habitar outras moradas do Criador, que são viabilizadas conforme o grau evolutivo de cada um.

Quantas reencarnações mais teremos que vivenciar para o necessário aprimoramento? Muitas, muitas outras vidas, com certeza, para poder auferir a nobreza dos sentimentos mais belos, muitos deles ainda desconhecidos para nós.

Benedito encetaria novo programa para reencarnar, logo que pudesse conseguir tal permissão, porque anseia testemunhar logo sua vontade de crescer como filho de Deus. Sente que Deus sabe o que de melhor lhe poderá ser dado na Terra como ferramentas de trabalho evolutivo, mas, se lhe fosse permitido escolher, ainda gostaria de contar em sua equipe com Florinda.

"Ela tem uma inteligência natural para aceitar desafios para o progresso de ambos. Sua força e ternura são tudo que um homem precisa numa mulher, além de uma confiança em Deus expressa por uma resignação admirável", ele meditava.

Parecia-lhe amar e admirar Florinda hoje muito mais do que naquele tempo em que viveram juntos.

Ela cresceu espiritualmente, foi isso, e conseguiu apagar as lembranças de um passado remoto que antes estava registrado no seu arquivo mental. Todos nós estamos sempre evoluindo! O passado não pode mais interferir no presente. O futuro de ontem é o presente de hoje. Sou hoje aquilo que no passado desejei muito ser e desejo hoje ser aquilo que conseguirei ser no futuro.

Como poderia ele desejar ser alguém com virtudes que desconhecia? Seria preciso um laboratório de ações e reações no comportamento humano para se chegar a algumas soluções. Ninguém cresce com pendor ao Bem sozinho, isolado, será preciso haver descoberta de sentimentos valiosos em si mesmo. Nessa transição de almas, primeiro há um choque comportamental e depois a escolha do comportamento compatível com o objetivo enobrecedor.

Na superfície terrena, cadinho de experiências, testemunhos e mudanças, o Espírito vivencia uma esfera mais densa, mergulhado em vibrações diversas, que diferem daquele plano salutar de onde veio.

E Benedito pensava: "Como é possível o Espírito encarnado não só esquecer esse páramo celeste que reconheceu depois de sua desencarnação, como também recrudescer na vida terrena e parecer até mesmo vivenciar ainda a alma dos primitivos ancestrais? Seria preciso o homem alargar a consciência e discernir sentimentos que o situem espiritualmente melhor? Conseguiria afastar-se do passado repetitivo nas injunções da matéria, para libertar-se e elevar-se como uma figura alada em busca de seus irmãos angelicais? Talvez precisamos estagiar numa nova raça-mãe que nos corte o cordão do passado milenar e nos coloque mais preparados para olharmos destemidos e incondicionalmente amorosos para o terceiro milênio.

Já está na hora de o homem sair do estágio das emoções para entrar decididamente no estágio dos sentimentos mais puros. A emoção fora importante para acordar a centelha divina que adquire o livre-arbítrio. Todavia, hoje, na inteira posse do livre-arbítrio, é preciso urgentemente haver o controle emocional para a conquista de sentimentos sem que a emoção interfira, no grau descontrolado que abundantemente podemos observar.

Olha-se o mundo que Deus nos permite vivenciar com críticas e interrogações sobre o despreparo e os desatinos dos homens que manipulam os bens terrenos. No entanto, raramente se observa a beleza, a grandeza das coisas divinas e principalmente como reagem diante da mão do homem.

Essa dispersão de nossa atenção, essa pressa para realizações vãs, esse adormecimento interior de almas que passam mas não vivem com intensidade os bens ofertados por Deus, formam uma simbiose de almas aflitas sem razão para tal. Quanto o Pai nos oferece para nossa alegria e que ainda não conseguimos perceber!

Quando sabemos que a Terra é mundo de sofrimentos mais do que de alegrias, não pensemos que o planeta não guarda as condições para um mundo de felicidade. Somos nós mesmos que não sabemos usufruir o bem e extinguir o mal em nós.

Para compor a sinfonia humana de paz e bem-querer sincero, leal e puro, é preciso mudar os sentimentos para que a casa mental possa gerar pensamentos novos, altruístas, positivos e alegres que possam nutrir a alma e proteger o corpo, que não se deterioraria tão facilmente como estamos acostumados.

Controle de emoções somente é possível com o controle dos pensamentos, injetando-os para sentimentos maiores, muito mais nobres.

A nobreza é baseada na moralidade cósmica dos relacionamentos dos seres. Tudo, simplesmente tudo que não condiz com o bem, e até mesmo o que hesitamos na própria avaliação do bem, não devemos inserir na alma em risco de resoluções infelizes.

Quando algo nos apraz, já estamos vivenciando parte desse algo, a ele já submetemos a nossa vontade. As nossas preferências são de suma importância, assinalando a trajetória que nos dispomos a enveredar.

As alternativas devem ser estudadas para que nossas preferências sejam aquelas que vão atender nossa alma e não aquelas que verificamos ser as mais procuradas e cujo desencadeamento da escolha nos está por ora oculto".

Enquanto Benedito refletia, não observou de pronto a aproximação do Padre Germano.

— Estás a refletir um pouco, querido?

— Estou, padre, e confesso que tenho ideias bem diferentes daquelas de quando encarnado.

— O homem pensa constantemente na manutenção de sua vida física e nas vantagens ou não das transações para essa manutenção.

— Sim, seja numa vida social ampla ou com uma família isolada no campo, o raciocínio é o mesmo.

— Os sentimentos humanos são os mesmos há milênios. Mudam as personagens no cenário terreno, mas os temas do cotidiano são os mesmos.

— Padre, como modificar tudo isso?

— Modifica-te sem querer modificar o outro, para que na luta não venhas a ceder diante da força milenar da maioria.

— Fica quase impossível mudar, quando tantos nem pensam nisso.

— Não importam os outros. Todos eles precisam do nosso respeito aos seus sentimentos e limitações.

— Padre, mas tudo que eu encontrar de bom para mim, com certeza vou querer para aqueles que convivem comigo.

— Não te estou convidando ao egoísmo, meu filho, mas ao desprendimento de tudo que te arrasta à inferioridade milenar. Exemplifica o que aprendeste e já estarás convivendo e contribuindo para o bem de todos.

— E como empregar a caridade?

— A caridade é um sentimento bonito que flui contra o mal, mas todo o teu ser é caridoso quando teus pensamentos são voltados ao bem.

— Parece que todas as reflexões se voltam para a máxima de Jesus: "amai a Deus e ao próximo como (também) a ti mesmo".

— Jesus Cristo é o Anjo que Deus enviou à Terra para nos ensinar. Seus ensinamentos são eternos como as leis cósmicas que regem o universo.

— Então nem todos ainda compreendem esta máxima de Jesus, porque muitos oram num petitório constante para si mesmos.

— Em todo pedido a Deus deve estar inserido também um auxílio ao próximo, à família ou a um grupo ou a uma coletividade.

— Se é somente para si mesmo, o pedido não será atendido?

— Observe que há pedido que parece ser individual, mas não é. Se o auxílio o enobrece no campo moral, ele pode contribuir com seus exemplos a todos que o cercam. Se o auxílio o alivia na dor, ele pode crescer na fé e auxiliar outros a terem a mesma fé. Se o auxílio o socorre nas necessidades do corpo e da alma, logo contribui para ele não desanimar diante da luta e exemplificar sua coragem, vontade e esforço.

— Observo que se o pedido for para atender caprichos, facilidades e supérfluos, caso fosse atendido o suplicante prejudicaria o próximo que ficaria inclinado a obter o mesmo, acentuando sua vaidade, inveja e comodismo sem ao menos cogitar da fé, do trabalho e da integridade moral.

— Tens razão. A prece fica um tanto banalizada, quando não se crê na sua eficácia e quando o comportamento do homem não é coerente com suas orações.

Quando a pessoa faz uma prece de coração, há um diálogo telepático com seu mentor espiritual.

— Hoje sei que embora eu não tivesse palavras para orar, muitas vezes estive em prece, no silêncio e isolamento em meio à plantação; contemplando a natureza eu recebia ideias que na verdade não eram minhas, porque eu nunca havia cogitado daquelas ideias antes. Sei agora que eu recebia auxílio do meu mentor.

— Quando a criatura abre a mente para ideias que promovem tranquilidade e alegria, ela recebe, mas se a criatura fica presa à lamentação, irritação e impaciência, está fechada para receber o auxílio do seu mentor.

— Por quê? Não seria a hora de o mentor auxiliar já que a criatura apresenta-se tão necessitada?

— Sim, ele quer ajudar e tenta fazer isso, porém o tutelado não consegue entrar na sintonia telepática e em sua mente fica um vazio incapaz de perceber o auxílio.

–Querer receber o auxílio do mentor é uma postura mais adequada – concluiu Benedito.

— É imprescindível esse contato com o mentor, porque quando a alma não quer o auxílio, ela fixa sua mente nos seus sentimentos de mágoa, descrença, desejo, caracterizando que Deus providencie o que ela quer e não o auxílio que Deus pode enviar para seu próprio bem.

— Padre, aquele que conhece Deus amoroso, sábio e justo, sente que sua vida terrena não é só questão de sobrevivência.

—A criatura, sáiba ou não, pauta sua vida em escolhas. Quanto mais a escolha tiver envolvimento com a matéria, mais ela se afasta de Deus. Quando suas escolhas são de ordem espiritual, a matéria é um acréscimo divino para suas necessidades essenciais.

— Então o homem deve preocupar-se mais com sua formação moral e seus sentimentos íntimos do que amealhar a posse material a pretexto de sobrevivência?

— Ele deve fazer sua parte no campo material, exercitando suas conquistas espirituais. Construindo relacionamentos de respeito e carinho sem deixar que reminiscências espirituais como antipatia gratuita, aversão injustificada ou preconceitos venham dificultar o relacionamento que hoje tem tudo para ser útil e feliz.

— Padre, o homem bom pode alcançar o progresso espiritual desejado?

— Não há vantagem alguma em ser bom para outros que também são bons. Ser bom é ser generoso com o egoísta, ser calmo com as pessoas irritantes, ser humilde com as pessoas orgulhosas, o que pode evitar o quadro das reações destrutivas em cadeia.

— Só a vida terrena oferece esses contrastes para nós provarmos se realmente somos bons – concluiu Benedito, que continuou dizendo:

— Padre, gostaria de vivenciar mais uma experiência material; acaso estaria eu apto para mais uma vez encarnar na superfície terrena?

— Ainda não, por dois motivos: precisas elaborar um projeto de tarefas definidas que queiras na Terra realizar, e alguém desejar receber-te como filho.

— Preciso saber mais a esse respeito.

— Faz primeiro uma pesquisa de tuas próprias existências passadas e depoimentos daqueles que estiveram contigo. Isso para a formação de uma base de conhecimentos, para que possas elaborar o teu projeto reencarnatório.

— Sim, bem pensado. E como farei isso?

— Está registrado em ti mesmo, basta ser auxiliado para receberes maior interiorização e memória dos acontecimentos passados.

— Então seria a hora de eu procurar o Departamento de Terapia de Vidas Passadas?

— Sim, meu querido, e não será fácil saber que ontem fomos piores do que somos hoje.

— Depois procurarei as almas afins com esse projeto, certo?

— Certo. Saiba, meu querido, que por mais que se prepare tudo, ficarás sujeito a eventuais imprevistos. Aqui um casal decide receber-te logo que possam estar juntos na Terra. Quando estão na carne, o casal não quer filhos enquanto não atingir estabilidade financeira. Isso vai adiar tua reencarnação. Pode a família não conseguir a estabilidade desejada, renunciando cumprir suas promessas.

— Parece mais difícil agora.

— Por isso, ultimamente as criaturas estão elaborando além do programa principal que pode ser chamado de plano A, de acordo com as mudanças que poderão ocorrer na jornada terrena, também o Plano B, e o Plano C.

— Poderia dar um exemplo?

— Um par de noivos casar-se-ia conforme o plano A, do qual tu estarias inserido como filho. Todavia o casal sofre um desencontro e terão que agilizar o Plano B, também elaborado por eles. Terás também um plano B, caso isso venha acontecer. Há casos em que, na vida adulta, experimentas ao menos em parte agilizar o plano A anteriormente idealizado, mas se houver alguns transtornos, fica com o Plano B mesmo, e ainda em alguns casos pode ser um Plano C o melhor para as circunstâncias de então.

— Tenho que ter uma visão antecipada do que poderá ocorrer e quais as mudanças que deverão ser feitas no projeto?

— O projeto pode falhar por tua própria causa. Não aceitares o que tu mesmo escolheste; não aproveitares o ensejo da situação proposta por ti mesmo; fugir da responsabilidade de tuas próprias promessas.

— Pode o meu projeto reencarnatório não ser aprovado?

— Teu projeto depende de outras criaturas, não é uma questão para aprovar ou reprovar. Receberás conselhos de Espíritos que trabalham nesse setor de experiências e que muito poderão auxiliar-te. Os pedidos dos Espíritos mais humildes e corajosos são facilmente aceitos, mas ao mesmo tempo os mais difíceis de serem cumpridos.

— Para reencarnar é preciso ter coragem!...

— Há Espíritos que aceitam reencarnar junto aos inimigos do passado, tudo para viabilizar o seu progresso.

— Nesse caso, entre inimigos ele consegue progredir?

— O Espírito reage diante da ação do outro. Isso vai depender muito do desenvolvimento evolutivo desses inimigos. Não raro, Deus promove até mesmo uma mudança de lar, para que o Espírito corajoso seja resgatado para continuidade de seus propósitos com pais adotivos.

— E como fica a cabeça dessa criatura.

— Se ele ficar ligado ao Alto, não lhe faltará inspiração para compreender sua situação temporária na Terra, e não só perdoar como também agradecer. Se ele se envolver na matéria, não faltarão perturbações para enveredá-lo nos caminhos tortuosos, com pretexto de esquecer seus traumas psíquicos.

— Eu gostaria de nunca ter feito inimigos!

— Estarei à tua disposição para trocarmos ideias a respeito, meu querido.

— E posso desejar ter o mesmo mentor?

— Não dependerá só de mim, teremos que acatar os conselhos superiores e se, contudo, nos for permitido, serei teu mentor mais uma vez com a bênção de Deus.

Benedito ficou entusiasmado com a ideia de quanto poderia aprender com a própria pesquisa.

terapia de vidas passadas 1

Capítulo 10

Benedito fazia algumas excursões aos Lares, Educandários, Colônias localizados mais ou menos próximos uns dos outros, para aprimoramento na troca de experiências com outros servidores e amigos do Bem. Todos eram recebidos com um programa para visitas sempre com apreciações artísticas.

Nesse ano, ele prorrogaria as excursões e se dedicaria às suas pesquisas, começando por visitar, no Lar São Germano, o Departamento de Terapia de Vidas Passadas.

Lembrava-se de que, em existência anterior à última, na superfície terrena ele fora um homem de negócios, porque aprendera com o pai a comprar e administrar terras. Tornou-se experiente nas transações comerciais, embora não tivesse muito estudo. Era um homem sensato e inteligente para tomar decisões e obter vantagens em tudo. Contraiu ligações amorosas com Florinda-bonita, na vida anterior uma mulher rica que não sabia o que fazer para matar o tempo. Ambos não conseguiram ficar juntos e ter uma família porque

Florinda-bonita entediava-se com tudo, não querendo uma vida de rotina, responsabilidade e dedicação. Era apaixonada por tudo o que fazia, porém não mantinha o entusiasmo, logo deixava de lado aquilo que antes era tão interessante. Romperam com discussões, as mentes em desalinho por bagatelas. Mulher bonita fora motivo de ciúmes em muitas outras mulheres, ora sendo ela um verdadeiro instrumento de discórdia, ora porque, embora seu nome estivesse presente, os casais eram desajustados mesmo, e assim uniões em conflito e algumas desfeitas.

Benedito não tivera filhos, o poder aquisitivo naquele tempo dera a ele somente vícios sociais e hobbies inúteis. Ele era filho único e não se colocava no lugar dos outros, principalmente dos trabalhadores subalternos, não calculando a aspereza do trabalho. E foi preciso na existência seguinte estagiar no lugar de um deles como o conhecemos.

A fazenda em que trabalhou era de Dr. Quinzinho, que na vida anterior nada mais era do que seu primo de segundo grau, neto do irmão de seu pai.

Atualmente Benedito e Florinda ainda realizam o mais recente projeto reencarnatório a contento, porque, mais esclarecidos, tiveram a felicidade de resignadamente aceitar a pobreza, a união e a prole para desabrochar o exercício de suas virtudes.

Ele tornou-se humilde, ligado a Deus por meio do contato com a natureza. O filho primogênito era reencarnação de seu pai de outrora, que fora fazendeiro, que também precisava desembaraçar-se do orgulho na feição do poder e de se achar superior aos outros.

Ela tornou-se mulher de beleza comum, destemida aceitou em seus braços como filhas todas aquelas almas que precisavam agora aprender a amá-la.

Nessa mais recente encarnação, em outra cidade vizinha, Benedito tivera como pai um homem justo e uma mãe amorosa. Esse pai, um homem desconhecido para ele na pluralidade das existências, muito o auxiliou possibilitando-lhe reencarnar e amparando-o na infância e adolescência.

Benedito sabia que sua mãe recente era uma mulher mal-amada no passado por ele, mas nela encontrou o amor materno e teve um amor filial que purificou esse relacionamento. Perdeu a mãe muito cedo, jovenzinho saiu de casa em busca de trabalho e nunca mais regressou ao lar onde nasceu.

Viajando no passado, Benedito tinha claramente a lembrança de que na vida que precedia aquela anterior, ele fora padre. Não pela vontade de aprender os ensinamentos do Cristo e trabalhar em seu nome. Seus pais de antanho viram na vida religiosa excelente oportunidade de formação de sua personalidade e oportunidade de maior estudo. Como filho obediente assim o fez, na esperança de sair antes de tornar-se efetivamente padre. No entanto, acostumou-se ao recolhimento espiritual e com os amigos que fizera lá dentro do convento. Foi muito feliz com a amizade de Germano que, além de ser fervoroso padre, realmente amava o próximo, inclusive os mais próximos que eram os companheiros religiosos.

Germano ativamente trabalhava na elucidação sobre as verdades do Cristo, interpretando de maneira mais natural e profunda tudo o que encontrava e que pudesse enriquecer o Espírito. Fora também um grande médium, que trazia as mensagens de seu mentor espiritual para os companheiros. Era a ovelha negra desgarrada dos dogmas e exclusivismos da igreja católica. De mente ampla, ele poderia fazer o Bem onde quer que fosse, mas Deus o encaminhou para dentro da "Santa Madre Igreja" para talvez despertar os irmãos com esclarecimentos e as atividades no Bem. Todavia, o amado irmão não conseguia pôr em prática todas as suas metas de auxílio ao próximo, por causa do despeito daqueles que hierarquicamente eram seus superiores. Ainda assim, Germano exemplificava e um grupo colaborava, Benedito-padre auxiliava não por amor ao próximo, mas por amor a ele. Foi para Benedito uma encarnação de repouso espiritual e uma passiva participação na campanha do Bem.

E Benedito afirmava para si mesmo: "Poderia se pensar que, depois de ter sido padre, eu fosse um homem evoluído na encarnação seguinte, mas não foi bem assim, porque é muito fácil ser bom com alguém nos liderando para o Bem. Quando me vi sem auxílio de pessoas encarnadas ao meu lado para incentivar-me ao Bem, fiz da minha liberdade o que bem quisesse. Embora o auxílio divino nunca tenha me faltado, nem olhares e orações piedosas, ainda assim quando a gente quer que nossa vontade seja feita não há quem nos mude o pensamento, nem mesmo um anjo que nos fale ao ouvido todas as noites".

Esse amor por Padre Germano veio já de um tempo mais distante, no nevoeiro do passado, que não mais conseguia relembrar. Talvez o auxílio que iria buscar seria justamente para lembrar desde quando esse afeto os unia, e com certeza, agora para sempre.

Chegando ao departamento de Terapia de Vidas Passadas, Benedito foi atenciosamente recebido por dois assistentes, e o Primeiro Assistente com voz meiga e fraterna esclareceu:

— Meu irmão, esse trabalho é feito com muita paciência e dedicação, porque não podemos fazê-lo rememorar conscientemente de uma só vez todos os dados de suas vivências passadas. Você vai relembrar primeiramente a mais recente encarnação passada, para uma reflexão.

— Como isso é feito? – indagou Benedito.

— Faremos uma manipulação das energias que você já traz consigo, mas que, tocadas pelos fluidos de que dispomos, vão descobrir parcialmente um véu de energias que encobrem todas as vidas passadas quando reencarnamos.

E o Segundo Assistente acrescentou sorrindo:

— Você vai relembrando pouco a pouco: dos dias mais recentes para o passado, do passado para o passado mais remoto, em múltiplas sessões. Vai deitar-se neste leito e dentro em pouco vai dormir e "sonhar"; no entanto, terá uma visão clara de tudo o que já vivenciou acompanhada do mesmo sentimento que nutria em cada momento. Quando for despertado por um de nós, deverá desprender-se dessa viagem retrospectiva e aguardar a próxima sessão; afinal de contas, nada poderá fazer para alterar o que relembrar, porque tudo está no passado.

Foi assim que Benedito começou a rever sua mais recente encarnação, fazendo uma retrospectiva de sua existência. Pontos marcantes em sua vida foram mais observados. Viu os dois planos da vida e verificou a ajuda espiritual que recebeu, as outras companhias espirituais, também desencarnados que acompanhavam o desenrolar daquelas vidas unidas pelo compromisso do dever.

Benedito foi sempre inspirado à resignação, humildade e perdão, mesmo na inconsciência de o que perdoar. Enquanto isso, Espíritos que no passado sentiram-se por ele prejudicados, ofendidos, esmagados pela sua indiferença, estavam numa situação melhor, assim eles se achavam, para rir sarcasticamente de sua posição inferior.

Benedito notou que durante toda a encarnação era constantemente observado por aqueles Espíritos, que não sofriam qualquer impedimento dos Espíritos Auxiliares. Era o crescimento do joio e do trigo lado a lado. Com seu desencarne, aqueles irmãos foram encaminhados e Benedito libertou-se, restando ao seu lado seu mentor e muitos amigos. Observou que não regrediu quanto ao progresso espiritual alcançado. O quadro das necessidades evolutivas é que mudou, porque Deus quer o progresso constante de seus filhos amados.

Deparou-se com a importância de cada criança que chegou em seus braços e a proteção espiritual que também recebiam. Doeu-lhe a sensação de tempo perdido em que negligenciou relacionar-se um pouquinho mais com os filhos, principalmente para de algum modo expressar seu amor eterno pelo primogênito. As meninas eram Espíritos conhecidos, mas sem histórico com relação a ele. De fato, Benedito quis ajudar Florinda a resgatar sua dignidade, numa postura de constante súplica para que fosse perdoada por aqueles coraçõezinhos.

Benedito também revia amigos da juventude e percebeu como conseguira naturalmente desvencilhar-se dos convites aos vícios de toda sorte e manter-se casto para relacionar-se sexualmente somente com Florinda, como se ela fosse sua alma gêmea.

Na sua mais recente infância, recebeu tantos cuidados e carinho que não soube compreender por que não conseguiu ficar na sua cidade natal. O compromisso cármico o impulsionava a buscar suas tarefas definidas, antes mesmo de nascer na vida terrena, e talvez intuitiva noção de desenlace carnal tão próximo. Todavia deveria buscar agradecer àquele que o amou tanto, e mal nunca lhe fez, mas tão somente o bem. Sentia-se um filho ingrato e negligente.

Visualizou o seu plano reencarnatório como filho daquele casal. Ela o amava muito e o queria ao seu lado, aceitou-o como filho. Seu pai amava desesperadamente aquela que se tornou sua esposa, aceitando suas condições. Os poucos anos de união do casal na vida terrena foram, pouco a pouco, um bálsamo de paz entre essas almas que transformaram suas paixões inquietantes em respeito fraterno e amor puro em crescimento.

Benedito despertou. Agradeceu e saiu. Sentado em um banco do jardim, refletia. Queria rever e agradecer aos seus pais. Como pudera ficar anos no Lar São Germano sem cogitar da ideia de revê-los! Talvez passivamente aguardava que os pais zelosos o procurassem. Iria em busca de informações e recursos para localizá-los.

Logo, foi providencial participar do grupo de visitas que estava indo para um Educandário situado distante, onde poderia encontrar seus pais. O grupo foi recebido por gentis recepcionistas que apresentavam a extensa área de suas atividades. Mencionando o objetivo de sua visita, Benedito foi conduzido ao Departamento de Reencarnação, onde soube que sua mãezinha estava na Terra novamente e que era uma moça educada, de bons sentimentos, e agora se dedicava à música e à família que iria futuramente constituir. Foram apresentados filmes em que ela estava em diferentes faixas etárias, trechos de sua vivência terrena atual. Benedito ficou embevecido ao revê-la em condições benéficas para seu progresso e com muita esperança de ser bem-sucedida nos seus deveres e ideais.

Seu pai residia naquele Educandário e poderia ali encontrá-lo, mas aguardava um pouco porque no momento ele participava de um estudo em grupo. Ficou conhecendo muito mais seu pai por meio dos registros espirituais do que no período em que conviveram. Ficou emocionado, só agora se deu conta do quanto ele era um homem justo e bom.

No momento do reencontro, Benedito aguardava em uma sala a chegada de seu pai. Ele entrou. Era um jovem sorridente, que logo disse:

— Benedito! – trocaram um abraço forte e sincero.

— Perdoe-me não procurá-lo antes, mas agradeço muito tudo o que fez por mim.

— Aprendi a gostar de você, facilmente. Um menino obediente, prestativo, responsável, mas que nunca teve tempo para depois de adulto nos conhecermos melhor.

— Eu queria melhorar de vida para depois ter com você – disse Benedito buscando entender o que se passava em sua cabeça naquele tempo.

— E eu também queria melhorar de vida para buscar você – ambos riram.

— Que bobagem! Fui ingrato com você – Benedito reconhecia, e disso não se conformava.

— Tudo já passou.

— E você, como está agora?

— Sou novato aqui. Na verdade, fui socorrido após o desencarne por um posto de auxílio bem próximo da cidade em que morava, e sua mãe esteve sempre ao meu lado. Agora ela já está de volta na vida terrena, e eu vim aprender aqui para ser seu primeiro filho.

— Como Deus é bom, você amava mamãe!

— Ela também me ama, graças a Deus, juntos venceremos todas as dificuldades para o nosso progresso. E você, como se lembrou de nós?

— Pretendo reencarnar e também progredir, estou fazendo uma terapia de vidas passadas.

— Eu soube que você está muito bem, vive no Lar São Germano.

— Sim, e aprendo muito.

— Soube que lá estão aqueles que mais se afinizavam com a batina. Desculpe, no bom sentido, os padres e freiras são um a um recolhidos para uma renovação de seus conceitos, em lugares como esse em que você se encontra.

— Você tem razão, Padre Germano diz que vai buscar um a um, nem que seja amarrado no cordão do seu sapato, e ninguém vai ficar perdido na ignorância e no orgulho.

— Tudo se renova para melhor, porque nada regride – seu pai relembrava seus apontamentos.

— É preciso incorporar ensinamentos novos em todos os setores da religião e da educação – Benedito sabia ser imprescindível uma renovação.

— Eu mesmo aprendo aqui sobre a moral ensinada por Jesus e verdades que já foram acrescidas para melhor entendimento das leis divinas. Estou seriamente empenhado em conhecer um movimento filosófico, que se chama Espiritismo, para preparar-me bem e saber reconhecer na vida terrena o que será melhor para mim.

— E você pode colocar no seu programa reencarnatório a religião que você vai seguir?

— Não, na minha existência terrena terei o livre-arbítrio de escolher o caminho religioso que eu quiser ou até mesmo não frequentar instituição alguma, porém ainda ser um religioso. Certamente serei encaminhado ou inspirado a seguir essa ou aquela religião, mas somente a seguirei se eu mesmo for perseverante, confiante no roteiro indicado. Não poderei estar onde meu coração não participa, por isso um contato maior com as religiões, agora, vai me dar para o futuro o discernimento que precisarei ter no momento certo.

—Você está sendo muito sensato, e estou feliz por encontrá-lo com uma abertura mental que nunca pude imaginar – afirmou Benedito surpreso.

— De fato, não dei a você uma religião, mas sua mãe deu-nos um exemplo de fé e de intuição que você deve ainda se lembrar.

— É mesmo, ela fazia uma concepção de Deus e de tudo que a rodeava como se Ele falasse com ela todos os dias.

— Então você se lembra! No entanto, eu e você éramos mais indiferentes e isso mostra como estamos retardatários. Ela obteve estudos espíritas em vidas pregressas que lhe deram maior compreensão sobre tudo na vida e maior força de suportar as infelicidades.

— A igreja católica, a protestante e outros segmentos religiosos no Ocidente vão aos poucos atualizando seus conceitos – afirmou Benedito com otimismo.

— Você tem razão, as verdades que fazem parte da própria natureza não só terrena, mas também cósmica, hão de penetrar no homem, esteja ele nesta ou naquela religião que o conduz.

— As religiões deveriam ser solidárias umas com as outras! – Benedito expandia suas ideias.

— O Espiritismo é a terceira revelação, que no futuro há de conseguir isso.

— Terceira revelação, como assim?

— Veio Moisés ensinar ao povo a ideia do Deus único e os dez mandamentos, esta foi a primeira revelação de Deus aos homens do Ocidente. Depois veio Jesus ampliar nossa capacidade de amar com o perdão incondicional e ensinar ao povo a ideia da vida imortal, esta foi a segunda revelação. O Espírito Verdade veio ampliar nossos conhecimentos e sentimentos revelando ao povo a ideia de que tudo que pensamos, falamos e fazemos tem uma consequência, o que se pode chamar de Lei de Ação e Reação.

— Essa lei, de que para toda causa há um efeito, é até mesmo substancialmente palpável, embora não haja ainda uma conscientização. Só do lado de cá podemos observá-la com lucidez, como quem observa um teatro da vida.

— A ciência vem confirmar hoje, denominando-a Lei da Atração, ou seja, pensamentos, palavras, ações que se assemelham, se atraem. Seja essa lei divina chamada de ação-reação, causa-efeito ou ação-atração, o que importa é compreender o mecanismo divino como roteiro para nosso aperfeiçoamento – seu pai explicava com simplicidade.

— O que nós todos os dias estamos comprovando, não é mesmo? O mal atrai o mal e o bem atrai o bem; temos uma visão maior do lado de cá. Dentro da Lei da Atração, uma das leis divinas, cada um é coautor de seu destino por meio dos pensamentos e sentimentos – Benedito assevera com segurança.

— Pois aí está a terceira revelação – convicto seu pai arregala os olhos.

— É uma revelação imprescindível. Quando participo no Grupo de Auxílio para socorro aos encarnados, observo que a humanidade está confusa; muitos colocam em dúvida leis naturais como a reencarnação, a justiça de Deus, a influência de desencarnados em nossa vida, seja para o Bem ou para o Mal.

— Cada revelação dada ao homem confirma as revelações anteriores, repetindo com outras palavras, para melhor entendimento, tudo o que o homem deturpou na noite dos séculos. Basta o homem procurar esclarecimentos novos numa continuidade de verdades que agora mais amadurecido possa compreender.

— Neste momento evolutivo da humanidade, entendo que devemos disciplinar o pensamento para deixar fluir os bons sentimentos – Benedito participava da troca de ideias, frisando para si mesmo.

— Isso mesmo, não flui o bom sentimento com pensamentos em desalinho. É preciso vontade de alinhar pensamento e sentimento em direção ao Bem.

— Atraímos o bem ou o mal para nossa vida, com a interferência de encarnados e desencarnados! – completou Benedito, e ambos se entreolharam convictos de que isso não poderiam negar, que a paz ou a aflição advêm dessa atração.

— E temos que arcar com as consequências íntimas e externas que atraímos para nossa vida, meu irmão.

— É mesmo, nosso pensamento pode materializar-se! – concluiu Benedito ao mesmo tempo rindo por ser chamado de irmão.

A conversa tomou um rumo inesperado, ambos tinham muito que expressar sobre novos conhecimentos acerca da vida terrena, como escola bendita para o aperfeiçoamento do homem. Ficaram juntos longamente. Despediram-se com muito amor.

Benedito retornou pensativo, nunca tivera tão clara visão dos bens espirituais que a humanidade recebe. Este milênio realmente é a era do Espírito. Podemos construir e destruir somente com os pensamentos. Podemos vivenciar o céu ou o inferno intimamente, dependendo da qualidade dos nossos pensamentos. Cada pensamento traz inserido nele uma quota de sentimento, que pode crescer ou desfazer-se somente com o ato de pensar. E exclamou para si mesmo: "Meu Deus, pensar é um ato, uma ação!".

Ele reconhecia que no Lar São Germano frequentemente recebia impulsos para renovação de seus pensamentos, num teor mais positivo, otimista, esperançoso, mas a vida terrena é mais densa, mórbida, difícil, talvez porque não haja um controle dos próprios pensamentos e os sentimentos são ora bons, ora maus, conforme a própria tendência e a influência recebida aqui ou acolá. Nossas atitudes e decisões são a materialização do que estamos pensando. É preciso "forjar" um bom pensamento constantemente, para adquirir o hábito. Cada ação-pensamento pode ter uma consequência tanto na vida interna do ser como na vida externa junto aos familiares e à comunidade.

Benedito estava pensativo e muito feliz, sentindo o coração pulsar de amor por aqueles que foram seus pais na mais recente encarnação. São duas criaturas que ele aprendeu a amar de maneira muito natural. Afinal, quem não gosta de ser amado?

terapia de vidas passadas 2

Capítulo 11

Na sessão seguinte, Benedito estava confiante, sentia que a visão retrospectiva do passado oferecia-lhe a liberdade de administrar sua própria cura espiritual.

Serenamente, deixou-se envolver pelos fluidos benéficos para o intento, com suaves expectativas de maior conscientização sobre a anterior existência terrena.

Relembrou seu desencarne súbito por problema cardíaco, quando conversava com amigos em seu gabinete contíguo à casa grande. Falavam da lavoura, da dispersão da mão de obra dos negros e da imigração estrangeira para o Brasil. Teve um desencarne tranquilo aos olhos de amigos e familiares. Desencarnou cedo, não porque assim fora previsto, mas por antecipação, porque ele não cuidava de sua saúde e mantinha os vícios do fumo e do álcool. Sofreu no umbral por muitos anos, até ele se lembrar de Deus com humildade e vontade implícita de ser um homem melhor. Foi socorrido graças à intercessão de uma família que já se encontrava no plano espiritual.

Essa família, quando vivia na superfície terrena, foi toda consumida pela tuberculose, e a situação causou piedade aos moradores da região. Benedito-fazendeiro havia providenciado a mudança da família para um local ermo e enviava alimentos e agasalhos para a subsistência de todos. Sentia impressionante bem-estar auxiliando assim, embora tenha tido aproximação com a família somente uma vez. Quem vinha buscar os recursos era o padre da igreja. Reconheceu, somente agora, o padre ter sido um dos companheiros de um passado mais distante, que testemunhava ter aprendido com o Cristo e fazia seu apostolado de redenção e caridade ao próximo.

Na verdade, Benedito-fazendeiro sentiu que não poderia negar auxílio ao próximo, diante do pedido daquele amigo de outrora, que não fora reconhecido de pronto por se tratar de uma outra existência terrena para ambos, mas que no fundo da alma o reconhecia com autoridade moral de um verdadeiro discípulo de Jesus.

Avistou poucas vezes o padre. Sentia-se constrangido diante dele e, muitas vezes, deixava preparado o que pudesse ofertar, não tendo que cruzar seus olhares em entendimento juntos. Ele dava ordens aos empregados para auxiliarem o padre, o que eles faziam com delicado prazer.

Ele muitas vezes em seu quarto ficava pensativo, com saudades sem saber de quê, no entanto observava que tinha de tudo, materialmente, e espantava seus pensamentos com a bebida ou com caprichos e paixões. Era um homem obsidiado por dois grupos de Espíritos, uns viciosos, outros orgulhosos com ânsia de poder. Teve muitas mulheres e nenhuma pôde marcar sua vida como Florinda. Cansava-se daquela vida externa, mas estava fechado ou desencorajado para cuidar de sua vida interior, ou seja, de sua verdadeira vida, a espiritual.

Foi com pesar que soube ter sido sua vida terrena quase inútil, diante das possibilidades. Nunca quis mal a ninguém, mas no desempenho de suas atividades administrativas era indiferente, omisso, tornando-se até mesmo uma criatura de difícil acesso, uma falta de respeito que o ser humano não merece.

Seus pais e ele, filho único, eram afins em suas ideias, interesses e orgulho social, porém cada ser divino, por ora humano, é um indivíduo inigualável; então ele diferia em alguns pontos de vista. Seus pais queriam que o filho casasse sem amor, porque isso viria com o tempo, mas isso ele não podia aceitar, o que muito desiludiu os genitores. Não quis estudar na Europa como podia, revoltando-se com a insistência dos pais, principalmente de sua mãe. Ele quisera uma vida simples, que não conseguira nem expressar, porque a própria situação abastada e suntuosa com que foi criado não lhe permitira. Viajava para as grandes metrópoles daquele tempo sob constante fervilhar de influências negativas, das quais não conseguia escapar. Era um homem, ora descontraído no gozo dos prazeres materiais, ora rígido na responsabilidade com os negócios.

Sua juventude foi regada com brindes festivos, insinuações e arrastamentos que desfaziam a disciplina e o recato adquirido em vida anterior. Ele não conseguira travar uma batalha íntima contra o exterior que o cercava com tentações.

Lembrou-se do projeto reencarnatório antes daquela existência. Sua mãe era reencarnação de sua mãe em vida anterior. Ela estava triste, afinal seu filho amado não fora um "santo padre" na vida passada. Passou a desejar uma experiência terrena com aquisição de bens materiais, e convidava seu filho para que juntos pudessem em melhor condição fazer muita caridade ao próximo.

Ele aceitou colocar em prática o que aprendera, agora em melhores condições, ele pensava. Seu pai era um grande amigo de vidas pregressas e seria um prazer estarem juntos em mais uma existência terrena.

No esquecimento de vidas passadas, em caráter temporário que coloca o estudante em prova sem abrir o caderno das vidas anteriores, mostrava a ele mesmo que não aprendera bem, estivera em "classe" sem a conscientização necessária. As realizações benfeitoras foram migalhas diante das possibilidades, e não estavam marcadas pelo amor ao próximo e a alegria de servir com desprendimento e modéstia.

Viajando no passado reviu sua mãe orgulhosa com o filho nos braços. Queria um futuro brilhante para ele, mas a família era pobre. Já na sua infância, preparavao psicologicamente para ser padre, no entanto sem lhe transmitir ensinos morais e fé raciocinada, para que ele assimilasse a importância do compromisso divino. Sua mãe não poderia dar-lhe o que ela mesma não tinha, tão somente desejava, orgulhosa, um filho "santo".

O projeto que os levara a vivenciarem juntos aquela experiência terrena visava unir velhos conhecidos, num laço familiar para o desenvolvimento de sentimentos mais elevados entre eles, aparando arestas de desentendimentos e cobranças mútuas.

O pai aceitava as sugestões da esposa, dizendo para si e para os amigos mais chegados que ela estava sempre certa. Era um homem que não tinha o vigor e o amor pelas causas justas, deixava-se levar pela fuga das responsabilidades, entregando a ela a responsabilidade de seus atos sem sua interferência. Ele não tinha vontade ou até mesmo tinha receio de ao menos questionar o discernimento sobre os prós ou os contras dessa ou daquela questão.

O homem impede o crescimento da mulher quando a proíbe de manifestar sua inteligência e principalmente seus sentimentos mais doces e compreensivos, mas quando a coloca inteiramente livre, sem dar um respaldo de reflexão, apoio ou advertência ante difíceis resoluções, pode fazer a mulher sentir-se dominadora, quando de fato está sozinha, podendo cometer graves desatinos. O casal deve estar junto em todas as questões familiares, responder junto por todas as consequências advindas da ação conjunta e pelas consequências dos descasos e desmandos individuais.

Espiritualmente, o Mal convivia com os projetos do Bem. Onde há a manutenção do orgulho no bem, o mal fica camuflado. As trevas viram sobeja oportunidade de encarceramento punitivo ao Benedito-padre na clausura religiosa. A impunidade dos homens, tão comum nos séculos passados, repercute carmicamente, porque está registrada na malha magnética da própria constituição do corpo espiritual. Basta o meio espiritual favorável para eclodir o efeito de causas passadas. Os Auxiliares do Cristo não podem interferir sem ordem superior, porque o Divino Criador dá-nos o direito de semear, durante a caminhada, boas ou más sementes, contudo é imprescindível que no caminho de retorno venhamos a colher um a um os frutos ou os espinhos da semeadura.

No entanto, o Pai misericordioso e bom atenua os sofrimentos conforme o mérito de cada um e auxilia o seu filho amado a bem sofrer. Por isso, embora contrariado em suas aptidões, Benedito ficou convencido de que, naquele tempo, teve uma oportunidade reencarnatória muitíssimo favorável para seu aprimoramento e que, infelizmente, não soube aproveitar na encarnação seguinte, como Deus esperava dele. Padre Germano fora para ele um presente de Deus, cujas orientações ficaram marcadas em seu Espírito imaturo, sem o comprometimento ainda de realizar seu apostolado de verdadeiro aprendizado com o Mestre Jesus.

Nada se perde, a luz não ilumina em vão as trevas, mesmo que as trevas pareçam ter vencido a diminuta luz. Aqueles ensinamentos e exemplos de Padre Germano ficaram tão marcados em seu Espírito que, com mais maturidade espiritual, no mais recente desenlace carnal, ele foi atraído ao padre com facilidade.

Amava sua mãe anterior, ambos vivenciaram duas encarnações seguidas, reconhecia seu desmesurado orgulho, mas seu amor por ele era sincero e ela seria capaz de chegar ao sacrifício pela sua felicidade. Sentia-a como uma criança que não sabe o que quer, e não tendo a garra de esforçar-se por um ideal, deseja que a pessoa amada conquiste seus ideais, sem saber o quanto é difícil para o outro. Reconhecia estar distante agora, não nutria mais afinidade com ela, porém não queria distanciar-se, precisava ajudá-la a amar a si mesma, respeitar o próximo e realizar a sua parte como verdadeira filha de Deus.

Foi despertado, agradeceu e saiu.

Sentado num banco do jardim, Benedito refletia, queria encontrar sua mãe, precisava falar-lhe.

Depois de todas as informações obtidas foi ao seu encontro numa colônia espiritual. Mais precisamente, encontrou-a no pavilhão de repouso. Ela foi informada com antecedência sobre sua visita. Correram um para o encontro com o outro. Seus olhos estavam cheios de lágrimas e Benedito, sentindo que aquelas lágrimas eram de dor e de felicidade, ficou também muito emocionado.

— Meu filho querido, eu pensei nunca mais poder lhe abraçar!

— O amor é um laço indestrutível, mãezinha.

— Sempre fui uma pessoa irritada com você, mas o amo muito.

— Cada um tem sua personalidade, eu não podia fazer tudo o que você queria, eu tinha que querer também.

— Você tem razão, eu queria o seu bem, mas não podia contrariá-lo.

— Como você está, mamãe?

— Eu? Estou na mesma. Não consigo aceitar nenhum projeto reencarnatório, então vou ficando aqui.

— Mãezinha, assim você não progride! Vai ficar aqui por quanto tempo, séculos? É preciso aceitar o programa que visa ao seu aprimoramento espiritual, não importa quais as dificuldades, mas que você possa sair vitoriosa.

— Não adianta aceitar a encarnação aqui mas não aceitar a situação lá. Tenho medo de não conseguir realizar o que eu me propuser aqui; com o esquecimento de tudo para trás, vou ficar perdida.

— Você terá um mentor para fortalecer sua vontade no bem.

— Tive auxílio espiritual nas existências passadas que me impediram de cometer desastres maiores, mas ainda assim errei por orgulho, egoísmo, vaidade, e não sei por onde começar agora.

— Quero ajudá-la, mamãe, vamos fazer um projeto juntos!

— Oh, meu Deus! É o que mais quero, mas sem trazer dificuldades para você!

— Ainda não sei como fazer isso, mas eu voltarei para conversarmos mais. Enquanto aguarda, faça-me o favor de sair daqui e coloque-se em uma atividade, seja prestativa, amorosa com todos.

— Não me adaptei a nenhuma tarefa...

— Não seja exigente, tudo é temporário. Exercite seu bom humor, esperança e certeza de que Deus vai providenciar o que há de melhor para nós.

— Meu filho, como você está diferente!

— Estou progredindo, mãe!

— Você está em um convento?

— Não, estou no Lar São Germano.

— Germano?

— Sim, é um Lar na espiritualidade que recebe todos os religiosos católicos que não cumpriram as tarefas espiritualmente definidas. Esse Lar foi fundado pelo Padre Germano, lembra-se dele?

— Lembro-me que você o admirava muito. E agora puderam ficar juntos outra vez?

— Mãezinha, todo relacionamento em que há amor nunca se perde – e abraçaram-se novamente com alegria.

Ele despediu-se e saiu.

Benedito sentia uma imensa vontade de ajudar aquela mãezinha. Precisava auxiliá-la a compreender que todos nós somos almas em luta para nosso aprimoramento. Quanto mais desejamos vantagens, maior prejuízo espiritual acarretamos. É preciso sair da zona de conforto em que nos colocamos ou que somos colocados com nosso consentimento, sem cogitar alguma mudança para melhor.

Embora ele quisesse ajudá-la, não sabia ainda por onde começar o projeto de mais uma vida terrena futura. Optou por aguardar um pouco mais, para contar com os resultados da terapia que estava fazendo.

Em nova sessão para relembrar vidas passadas sentia-se apreensivo, recordar também pode ser sofrível, principalmente quando sentimos uma impotência diante do passado que já era.

Benedito colocou-se em repouso, buscando a serenidade imperturbável para que conseguisse aproveitar bem esse recurso, para a construção de suas esperanças futuras. Logo que se colocou nas condições ideais, um pranto convulsivo tomou-lhe conta, revia e revivia novamente uma angústia dentro do peito sem palavras para expressar aquele sofrimento. Quando viu uma larga e pesada porta se fechar, sentiu perder para sempre o sol, o mundo em que vivia. Sentiu-se invadido de uma dor que dissipava todos os seus bons sentimentos, arruinava todas as suas alegrias, marcava para sempre sua revolta com Jesus. Por causa d'Ele teria que ser aprisionado, privado do mundo em que nascera. A imposição dos pais ignorantes fora catastrófica.

Estava deslocado, não era o seu meio. Muito tímido, deixou-se conduzir, indiferente, amargo, solitário. Depois de alguns anos naquela vida de disciplina ilógica, que imprimia no semblante, nos gestos, no corpo a pose beatíssima, estava transformado por fora e endurecido por dentro.

Certo dia, um seminarista novato chegou àquela instituição. Sua transferência se dera por incompatibilidade com o clero, era um moço rebelde, de gênio forte. Todos tiveram curiosidade de conhecê-lo. Era um jovem descontraído, que deixou bem claro aos companheiros que não só questionava as ordens dos superiores, como também, em alguns pontos de vista, tinha uma interpretação muito diferente sobre os ensinamentos de Jesus.

Germano falava com raciocínio rápido sobre o tempo perdido com exterioridades. E não era importante para ele ser aos olhos do povo uma alma elevada, que não fizesse nada em benefício dos outros, que não estivesse junto do povo como Jesus estivera. Adiantava que o exercício de amor ao próximo era o **único** caminho que conduziria o homem à sua própria elevação. E era impertinente quando desafiava a cada um conhecer a si mesmo, para depois afirmar se quer seguir o exemplo e o amor do Cristo.

Benedito ficara ao lado daqueles que apoiavam Germano. Exprimia agora toda sua rebeldia reprimida. Na verdade, acompanhava ao pé da letra a polêmica do tema: "Fora da igreja não há salvação". Sorria e aplaudia dizendo que tudo isso era uma ânsia do poder religioso. No entanto, não compreendia bem a proposta de Germano: "Fora da caridade não há salvação".

Em todo empreendimento de auxílio ao próximo que Germano e o grupo formavam, Benedito estava presente, querendo contribuir. No entanto, fazia-o para expressar sua participação e contrariedade com a igreja, a responsável pela sua clausura e infelicidade.

Tornou-se padre porque naquele tempo não havia o costume da desistência, pelo contrário, muitos agradeciam a oportunidade bendita de ter ali o agasalho, o teto e o pão. Outros evitaram ser combatentes de guerras e ainda outros viram diante de si uma carreira próspera de prestígio político-religioso.

Já com alegria acompanhava as preleções de Germano quando enfatizava a importância do amor a Deus e ao próximo. Todavia a natureza não dá saltos, Benedito-padre apreendia só teoricamente aqueles ensinamentos. De fato ele confundia muito o sentido da palavra amor. Não conseguia ver esse sentimento com a pureza que ainda hoje muitos homens não conseguem sentir. Misturava a paixão, a sensação, o prazer com o sentimento de amor. Não sabia que o amor em suma está além da carne, da matéria, das emoções.

O amor é um sentimento que eleva o homem além da vida terrena, é sereno, dócil, profundo. Nasce no olhar sem interesse, comunga-se no diálogo edificante, consuma-se no gesto amigo, na dor e na alegria, e cresce a cada século para tornar-se eterno. Muitos são aqueles que deturpam o primeiro encontro, o primeiro olhar, veem o corpo e não a alma, explorando a pele e não a consciência do outro.

Os tímidos são almas que se fecham para dissimular seus defeitos e vícios. É preciso evoluir, sair das sensações primitivas, refinar suas carícias para sublimá-las em carinho, doação e gratidão. É preciso elevar o teor vibratório de tão linda oportunidade de crescimento entre dois seres da Criação.

Benedito-padre queria ser amoroso, mas não sabia como, imitava tão somente os gestos fraternos daqueles que assimilavam os ideais de fé e esperança num mundo melhor. Em seu egoísmo, ficava na posição de mais uma criatura muito carente de Deus, não sabia dar nem podia dar sentimentos que ainda não tinha para ofertar a quem quer que fosse. O que buscava para si encontrou.

Teve um relacionamento fulminante com uma noviça. Primeiramente, ela o via como um benfeitor de almas, e que muito poderia aprender com ele. Ele a via como uma moça que escondia sua beleza, que precisava sorrir e aceitar sua companhia para que juntos pudessem ser mais felizes.

Depois de alguns dias de preâmbulo amistoso, ambos se deixaram envolver por um desejo irremediável, consumando o colóquio sexual entre homem e mulher. Encontros fugidios, rápidos, tornaram-se o único objetivo de suas vidas.

Deus, soberanamente bom e misericordioso, não deixaria de encaminhar um Espírito para oportunidade de esforço e crescimento na lide terrena, por meio tão salutar para a concretização da lei de reprodução. Foi assim que a jovem noviça, trazendo no ventre aquele Espírito, deu à luz o bebê na calada da noite, tendo uma amiga ao seu lado para auxiliá-la a ocultar aquela desdita.

Algumas freiras infelizes, que caíam no erro de fraquejar diante da fé imposta naquele tempo, cometiam a desventura de jogar a criança recém-nascida em um poço distante e abandonado, dentro da grande propriedade religiosa. Sentiam que não podiam expor sua inferioridade espiritual e melhor seria ocultar do povo e do clero a prova de sua invigilância. Mais que isso, temiam as crueldades que os superiores seriam capazes de realizar a pretexto de punição para as religiosas pecadoras. Assim fora feito e nunca mais o casal se encontrou, a morte daquele pequenino ser fora um trauma que marcaria suas vidas para sempre.

Benedito reconhecia agora que Florinda fora aquela noviça, de quem ele tanta saudade sentia no âmago de seu ser. Não podia mais dizer que agora somente os laços fugazes da carne os uniam, porque a dor que fazia morada em seus corações abriu uma fenda enorme para um despertamento espiritual. O passado teve ressonância até mesmo na existência seguinte, quando Florinda-bonita atraía o interesse dos homens, mas intimamente ela os temia. E ele, embora desejoso de reparar a cumplicidade no crime passado, não conseguiu que ficassem juntos.

Uma transgressão da lei divina pode levar alguns minutos, mas a culpa na consciência humana faz as criaturas envolvidas sofrerem e não encontrarem tão facilmente a possibilidade de resgate, podendo passar várias encarnações na tentativa de ressarcir o débito, atrasando os Espíritos em marcha evolutiva.

Quem seria aquela criaturinha que foi rejeitada por sua alma entorpecida de desamor e medo? Precisava ter a chance de pedir perdão e fazer tudo que pudesse agora para reparar seu gesto infame de outrora.

A sessão foi interrompida, Benedito despediu-se e saiu.

o pesadelo

Capítulo 12

Benedito sentia a necessidade de rever Florinda.

Logo que puderam estar juntos, após a prece coletiva, passeando no jardim dialogavam:

— Florinda, minha querida, como eu a amo!

— Que foi, Dito, você parece tão diferente!

— A terapia de vidas passadas que estou fazendo me faz voltar ao tempo em que eu tinha mais razão do que coração. Saiba que tenho recuperado a lembrança de estudos que fiz no passado, mas também dos desatinos cometidos.

— O que foi, homem, fale logo!

— Florinda, quando desencarnei e vim para cá, logo tive uma vaga lembrança de que em vida passada você foi uma mulher muito bonita, mas que não quis saber de mim, enquanto que tive a impressão de ter levado um século para conquistá-la.

— Fiquei sabendo que foi isso mesmo! E ainda estivemos juntos em outra vida anterior.

— É mesmo? – Florinda indagava acompanhando com atenção as palavras de Benedito.

— É. Não sei se você pode acreditar, já fui um padre e você foi uma freira.

— Não! Não pode ser. Não tenho vocação para isso. Admiro muitas irmãs de caridade, mas se eu tivesse jeito para isso, com certeza eu não casaria com você, e iria trabalhar só para Jesus Cristo.

— Essa é a ideia de todos. No entanto, nós podemos trabalhar muito mais em favor ao próximo, conforme os preceitos de Jesus, sem abandonar a família. Podemos ser livres para agir onde e como somos intuídos e fazer um trabalho do bem com vontade, disciplina e principalmente com amor. Nunca vi tanta gente com vontade de ser útil! Participando da Equipe de Auxiliares para ajudar um pouco ao próximo na vida terrena, vejo que a maioria das doenças surge quando as pessoas estão solitárias, desocupadas, feridas no orgulho, com sentimento de inferioridade. E o pensamento em desalinho conduzindo-as a um isolamento ainda maior.

— Sempre estou trabalhando, Dito, não tenho tempo para doenças.

— O trabalho é uma bênção de Deus. Quando você trabalha, cria uma energia de fortalecimento espiritual para si mesma.

— Eu ajudo meus filhos em tudo que posso e acho que ajudo minha patroa e toda a família dela. Eu não conseguiria mais tempo para ajudar ao próximo.

— Você faz caridade com naturalidade sem saber que está fazendo, e isso é muito bom, não há ostentação.

—Amo toda aquela família. É como se fosse minha família mesmo. Dona Anna é para mim como uma irmã que me acolheu com meus filhos em uma casinha que era dela. Tenho um trabalho digno em seu lar e ela ainda teve a paciência de me ensinar os serviços de uma casa da cidade. Nunca paguei moradia, porque ela disse que precisava fazer alguma coisa por alguém e nada melhor do que acolher sua companheira de trabalho e irmã de confiança. Em qualquer emergência, todos nós corremos para sua ajuda e orientação. Enquanto que as crianças dela, que hoje são moços, me consideram como uma tia de verdade. Faço e farei sempre tudo por Dona Anna, porque sem você, Dito, e sem ela, eu não sei o que seria de nossas vidas.

— Dona Anna, eu a conheci tão pouco, sei somente que ela comprava nossas galinhas, sempre sorrindo e desejando-me boas vendas. Ela consegue fazer sua caridade sem sair de casa, mantendo os relacionamentos que Deus vai colocando em seu caminho, ou seja, na sua porta.

— É mesmo! Quando a criatura tem bom coração, o trabalho aparece.

— Então, tenho pensado muito em voltar a ter mais uma experiência terrena, sinto-me mais preparado para exercitar tudo o que venho aprendendo, sem perder a simplicidade, a sensatez que consegui nesta última encarnação.

— Você agora deve ter uma visão maior do que eu, que só sei desta vida atual. Você disse que fomos religiosos católicos, mas nem consigo imaginar isso. Por quê?

— Porque vestir o hábito não faz o monge. Eis um ditado que sempre ouvi, mas nunca refleti sobre isso. Nós não conseguimos ser o que Jesus aguardava de nós, ao contrário, fomos piores do que talvez seríamos se lá não estivéssemos.

— O que fizemos, Dito? Fale!

— Você sabe que até hoje um padre e uma freira não podem ter filhos...

— Claro!

— E nós tivemos uma filha.

— Meu Deus! E onde ela está agora?

— Não sei, vou procurar saber, mas infelizmente não vai ser fácil, Florinda... – Benedito se pôs a chorar.

— Qual é o problema? Abra seu coração, Dito, por favor!

— Não posso trazer sofrimento para você, Florinda, mas ao mesmo tempo sinto que precisamos reparar um grande erro.

— O que fizemos, Dito? – agora Florinda chorava, com seu coração apertado de grave pressentimento. Abraçaram-se trocando energias de ternura e compreensão.

— Cometemos um crime! – Benedito sussurrou.

— Não! Meu Deus, não! – o semblante ameno de Florinda transformou-se numa verdadeira máscara de angústia.

Benedito não queria fazê-la sofrer mais do que eles já sofriam, mas foi ela quem quis saber de todos os detalhes.

Naquela manhã, Florinda levantou-se da cama recordando ter tido um pesadelo, onde ela jogava uma criança recém-nascida em um poço. Ficou triste e pensativa. Pensou que precisava ir à igreja para orar e pedir perdão àquela alma que esteve em seus braços por tão pouco tempo, e se pudesse, lhe daria hoje amor e não dor.

Impressionada ela foi falar com Dona Anna. A senhora, inspirada com carinho respondeu-lhe:

— Florinda, você pode ter tido uma conscientização sobre algo que fez em uma vida passada. Nós não temos somente esta vida, já tivemos outras. Hoje vivenciamos o melhor de nós mesmos pelo nosso progresso alcançado. No passado fomos piores que hoje, e Deus pode nos mostrar por meio dos sonhos uma parte do passado, desde que seja útil para o nosso aprimoramento.

— Eu fico muito triste comigo mesma. Não sei o que fazer se isso for verdade. Pensei em falar com o padre, mas acho que ele não vai entender. O que a senhora diz pode ser verdade. Se eu tive outras vidas no passado, por que não me lembro?

— Bastou você lembrar um instante, para ficar triste o dia inteiro. Como nós suportaríamos saber que cometemos outros erros ou passamos por sofrimentos que não queremos mais lembrar?

— Se a gente não se lembra de nada, pode até errar outra vez. Se começa a lembrar, assim, perde até o orgulho de estar sendo uma pessoa melhor.

— Você tem razão, Florinda, frequentemente alimentamos o orgulho e nos sentimos melhores do que os outros. Sempre achamos que nossas lutas são mais importantes.

— Nunca quis ser melhor do que ninguém, basta ver minha vida para saber que não sou melhor que ninguém.

— Eu mesma, Florinda, se estivesse em seu lugar, não sei se conseguiria ser humilde, trabalhadora, corajosa como você é. E percebo que você tem orgulho de ser corajosa, minha amiga.

— Tenho mesmo.

— Por isso, Deus misericordioso permite recordarmos que somos hoje, só um pouquinho melhores do que fomos, mas que temos ainda muito que aprender na vida.

— A senhora é uma pessoa muito boa, não só para mim. Acho que eu tenho aprendido na sua companhia a ser mais paciente, querer bem todas as pessoas, procurar ajudar no que posso.

— Deus é justo e sabe das nossas possibilidades; Ele não quer que façamos mais do que podemos, mas também somos responsáveis por todo o Bem que podíamos fazer e não fizemos.

— Parece que eu podia ter ficado com aquela criança nos braços e ter dado amor! No entanto, que força foi aquela que me fez jogar a criança num poço?

— Certamente, você estava desesperada, sem apoio, sem amor também. Só Deus sabe, minha querida.

— Deus é amor e não castiga ninguém! Ele aguarda o nosso amadurecimento espiritual para enfrentarmos as consequências das nossas transgressões às suas leis divinas. A nossa própria consciência nos castiga. Veja, você está sofrendo, neste momento, por algo que, no passado, com certeza, já fez você sofrer muito. Chega de se martirizar. À medida que Deus vai colocando as tarefas em suas mãos, vá realizando tudo com amor, sem perder mais nenhuma oportunidade de fazer o bem, de realizar o que Deus espera de você.

— Não posso fazer nada agora, mas vou ficar preparada para o que der e vier! – exclamou Florinda, agora mais animada. E se abraçaram com ternura e amizade.

Quando Florinda teve que retornar ao casulo da carne, Benedito foi procurar o Padre Germano. Contou-lhe algumas experiências sobre seu trabalho de beneficência junto aos encarnados com o grupo de Auxiliares do Mestre Jesus. Discorria sobre seu aprendizado atual, sem coragem de tocar no assunto que o inquietava. Exclamava ter rememorado agora alguns dados de vidas passadas. Sem conseguir se expressar, envergonhado, calou-se de repente com os olhos marejados de lágrimas.

— Oh, Benedito! Por que choras, meu querido? – em meio ao pranto silencioso, o padre começou a entender a situação. E continuou dizendo:

— Todos que desejam saber sobre suas vidas passadas hão de deparar com suas próprias imperfeições! Todavia, sempre há uma ansiedade em relação à extensão dos próprios débitos, não é mesmo?

— Quero reparar o erro! – com a voz trêmula, disse Benedito, hoje consciente da importância do corpo, como um sagrado templo, para a morada do Espírito em suas experiências terrenas.

— Isso é louvável, estou pronto para auxiliar-te. De quem se trata?

— Daquela criança que Florinda-freira e eu não conseguimos assumir como nossa filha e teve uma morte trágica logo depois de nascer.

— Sim, lembro-me muito bem dela.

— Onde ela está, padre?

— No momento está encarnada.

— Padre, fale-me sobre ela.

— Ela também fora freira, desencarnando antes de eu chegar naquela instituição terrena. No momento não posso afirmar se acaso tu ao menos avistarás aquela irmã.

— O que a fez programar uma reencarnação contando conosco?

— Ela sentia que tu, revoltado com o sistema, poderias assumir a paternidade e se indispor contra a Igreja por uma causa justa: a vida.

— Não tive coragem! – exclamou Benedito boquiaberto.

— É muito fácil encontrarmos os erros alheios, mas lutarmos contra os próprios defeitos é uma batalha íntima dificílima.

—Acho que eu queria contrariar a Igreja, mas não queria contrariá-lo sobre a ideia que o senhor e minha mãe faziam de mim.

— Ninguém se torna bom de um dia para o outro, meu irmão. Até hoje ainda luto para vencer minhas imperfeições, para galgar um degrau a mais, aumentando minha capacidade de amar e de crescer. Teu orgulho, naquele tempo, Benedito, te impedia de expor tua fraqueza, tua inferioridade, de fato vós sentiam-se sujos.

— Porque víamos o sexo como algo primitivo e mundano.

— O sexo é uma troca de energias entre duas criaturas que se aceitam espiritualmente. É alavanca da vida terrena, que é assistida por emissários divinos para oportunamente conduzir um Espírito à Terra. O reencarnante obedece a todos os procedimentos com renovadas esperanças e propostas para seu crescimento, no cumprimento vitorioso de provas e resgates libertadores.

— Hoje sei disso, padre.

— Deus, misericordioso, nos oferece chances de aprendizado e progresso. Sei que estás sofrendo,

Benedito, mas não és mais a pessoa endurecida que foste um dia.

— Ela deve ter sofrido muito! Que desilusão!

— Sofreu. E Deus a isso permitiu para que ela pudesse resgatar seu passado de desditas também. Poderia ter sido diferente, mas a hora do resgate chegou, inevitavelmente.

— Ai de mim e de Florinda, que fomos os instrumentos de sua tortura.

— Ela insistiu em reencarnar naquele meio e conseguiu.

— Conseguiu?

— Foi filha da irmã Terezinha.

— Irmã Terezinha! Ela era uma santa, nunca teve filhos até o fim de sua vida! Eu a conheci e acompanhei todo o seu trabalho.

— Pois bem. Ela trabalhou muito pela fundação de um orfanato, lembra-se?

— Claro que me lembro. Ela dedicou sua vida àquelas crianças que a tinham como mãe de todos.

— De fato, ela teve uma filha que temporariamente ficou com sua família, até que a criança pudesse ingressar na instituição como órfã de pais.

— Ninguém percebeu nada!

— Ela foi humilde, buscando sua família para ajudá-la naquela hora tão difícil. Algumas companheiras do convento, que compreendiam a delicada situação, deram-lhe apoio e auxiliaram muito para que ela conseguisse disfarçar a gravidez e ter o repouso de que precisava. Teve a criança na casa dos pais, numa visita aos familiares. Dentro de pouco tempo a criança foi deixada no jardim do orfanato, com carta anônima em busca da caridade.

— Que mulher corajosa!

— Inclusive Florinda auxiliava, desejando ter sido uma mãe prestimosa.

— Deus sabe dar um jeito em tudo! Aquele entrave trágico não podia continuar – exclamou Benedito surpreso.

— Não sem contar com a boa vontade do ser humano, que na verdade materializa a vontade de Deus.

— Será que ela conseguiu nos perdoar?

— O pedido de perdão e o perdão dos lábios são uma etapa promissora, no entanto somente na prática é que se pode aferir a cota de perdão já estabelecida. Vejamos, ela está encarnada e Florinda também. As almas em débito pela Lei de Deus hão de se reencontrar, porque para toda ação há uma reação. Ambas percebem os sentimentos uma da outra, o grau de compatibilidade e até de fraternidade, podendo saber se realmente a pedinte foi perdoada.

— Florinda tem mais chances de contato sem conscientização. E eu estou consciente, sem contato, a não ser que essa filha, ou seja, irmã, possa desvencilhar-se do corpo durante o sono e...

— Vá ao Departamento de Prece solicitar sua intercessão. Continua orando e confiando na bondade de Deus. Vê o que os jovens Auxiliares poderão fazer em teu favor. Tu és muito querido também por todos eles.

— Obrigado, padre.

Assim foi feito, Belizário verificou o caso dizendo-lhe que aguardasse durante aquela semana toda, no jardim, bem após a prece coletiva. O grupo iria auxiliar a irmã a desvencilhar-se do corpo durante o sono e trazê-la até o Lar São Germano, para que ela ouvisse seu pedido de perdão. Com certeza, todo aquele que pede perdão sincero sente-se mais tranquilo e também seria salutar para a irmã ouvir isso.

Durante três dias Benedito aguardou em vão, ora com Florinda ou não. No quarto dia, aparece Florinda sorridente com a possibilidade que teve de, juntamente com o grupo de Auxiliares, trazer Dona Anna em desdobramento espiritual até o Lar São Germano.

Outros irmãos vieram junto, porém o grupo foi dividido em turmas, cada qual iria para um local. Florinda e Dona Anna ficaram no jardim do Lar, na companhia de Bruno, e os demais partiram.

Bruno cumprimentou melhor Benedito e Dona Anna, abraçando-os ao mesmo tempo. E perguntou:

— Como se sente, Anna?

— Bem, muito bem! Sinto-me feliz de encontrá-los fora do corpo. Consigo sair do corpo muitas noites, porém nunca os encontrei, meus amigos. E você, Florinda, vem sempre aqui?

— Sim, muitas vezes – ela disse sorrindo satisfeita.

— Conheço o Lar São Germano. Aqui estive antes de reencarnar numa existência anterior. Tenho agradável lembrança deste lugar. Admiro e respeito o trabalho do Padre Germano. Se Deus me permitir, gostaria de aqui voltar um dia e auxiliá-lo a acolher e orientar nossos irmãos. O bem está sendo hoje mais bem organizado, deve ser feito sem hesitação – Dona Anna falava como se tivesse fazendo uma prece a Deus.

Bruno adiantou-se para esclarecer:

— Anna é uma irmã que regularmente trabalha na espiritualidade em uma colônia espiritual, mas hoje aceitou o convite para visitar o Lar São Germano, para este colóquio fraterno e amigo.

Benedito franziu a testa e perguntou:

— Bruno, Dona Anna é a pessoa que aguardávamos para...

— Sim, meu irmão, é ela – afirmou Bruno comovido e sorridente.

Benedito buscou as mãos de Dona Anna para beijá-las e ao mesmo tempo com os olhos rasos d'água dobrou mansamente seus joelhos até o chão, murmurando:

— Perdão, perdão, eu não sabia o mal que lhe fiz!

Dona Anna, comovida, fechou os olhos e viu passar, em sua tela mental, todo seu pranto de desilusão após a primeira tentativa de reencarne para uma existência anterior. Agora, lúcida e resoluta, afirmou:

— Levante-se, querido. Você não é mais aquele homem do passado. Seu progresso me dá a certeza de que você não tinha a consciência que tem hoje. Sinto que hoje você não seria mais capaz de um crime.

Florinda interveio, surpresa e triste:

— Oh, meu Deus, a senhora é tão boa para mim, eu não mereço! – e suas lágrimas rolaram silenciosas.

— Quero reparar o mal com todo o bem que eu possa oferecer – disse Benedito com sinceridade.

— Não me esquecerei disso, certamente nos encontraremos mais vezes oportunamente. Fique tranquilo, de há muito já os perdoei, mas eu precisava ter este contato, para eu mesma ter essa certeza íntima do meu perdão. Vamos cuidar do presente, estou admirada como Deus nos colocou juntos. Florinda é uma companheira muito querida.

Dona Anna olhou-a longamente com ternura, e Florinda animou-se a dizer:

— Mais uma vez obrigada, Dona Anna.

Bruno veio em auxílio na conversação entre as duas amigas.

— Minhas irmãs, quando há a mesma vontade e esforço para sermos cada vez melhores do que fomos ontem, unimo-nos para um fortalecer ao outro na manutenção desta sintonia do Bem, estejamos encarnados ou desencarnados.

— Faço um modesto trabalho de higienização na colônia que frequento para aprender a servir, porém não posso esquecer aqui, onde estagiei anteriormente, sempre guardando boas lembranças e carinho dos amigos. Quero voltar muitas vezes ao Lar São Germano, afinal foi aqui que tive compreensão e oportunidade de emancipação espiritual. Deus é muito misericordioso conosco, amoroso e justo – Dona Anna falava reconhecida e saudosa.

— Sinto que aqui é meu lugar, para aprendizado e muitas tarefas no futuro após minha desencarnação. Quando reencarnei, sempre tive auxílio daqueles que aqui deixei, embora eu não conseguisse sintonia para visitá-los como faço agora. Não sei por que parece que estamos dormindo dentro do corpo de carne e verdadeiramente despertos fora do corpo – Florinda refletia em voz alta.

— Realmente, quando o homem está à margem, sem ter Deus como foco de sua atenção, ele fica quase que estacionado no seu progresso evolutivo, e agora, como aqui estamos, pode estar mais desperto para as verdades eternas – concordou Dona Anna.

A conversa continuou até quando Bruno as convidou para regresso ao corpo. Benedito saiu dali mais aliviado e contente. Como foi bom saber que ela não guardava rancor. Parecia ter também despertado de um grande pesadelo na noite dos séculos de sua vida imortal.

Precisava expandir cada vez mais sua consciência para fazer escolhas acertadas para o futuro, de maneira que viesse a não mais transgredir as leis de Deus e realizar tarefas que seriam definidas antes de reencarnar.

Preparou-se para mais uma sessão de Terapia de Vidas Passadas. Chegou cedo. Estava muito encorajado a conhecer um pouco mais sobre si mesmo. Refletia que a vida terrena é pobre em relação à Educação que recebemos. Há temas urgentes a serem tratados, mas que são relegados a cursos específicos, muitas vezes inatingíveis no decorrer de muitas existências. É preciso que, desde a mais tenra idade, o homem trabalhe em busca do seu autoconhecimento, a expansão de sua consciência, os direitos e deveres de um homem civilizado, a psicologia do afeto, a nutrição espiritual, a medicina da alma, a fisioterapia do bem, a cirurgia do orgulho, do egoísmo. Parece que recebemos mais estímulos para os preconceitos e exclusivismos do que para a igualdade e fraternidade entre os homens.

Benedito dirigiu-se ao Primeiro Assistente:

— Meu irmão, o homem deveria buscar na vida terrena uma terapia de vidas passadas?

— Infelizmente o homem atual não está preparado para a realização da terapia de vidas passadas. Tanto o terapeuta quanto o assistido primeiramente devem conhecer como funcionam as leis divinas. Devem já ter experimentado e compreendido a filosofia da dor para o nosso aprendizado, a importância das provas espirituais, o resgate, quando necessário, e, sobretudo, a bênção do esquecimento temporário da pluralidade de suas existências como um bálsamo de serenidade para revitalização de suas forças espirituais.

— Então deveria haver melhor capacitação do terapeuta e um curso preparatório para o interessado na terapia?

— Claro!

— No entanto, há leigos e espiritualistas que procuram a tvp como um recurso para entender a existência terrena atual.

— O assistido deveria ter um acompanhamento duradouro, para que se possa calcular o resultado da terapia. Nesse trabalho de pesquisa seria verificado que há maiores prejuízos espirituais do que auxílio. O efeito da terapia de vidas passadas na Terra tem sido catastrófico, acendendo a chama de ódio e revolta entre os familiares, mais do que uma conscientização suave para solucionar alguns aspectos da existência. Deus sempre nos permite uma regressão natural de alguns dados do passado, por meio do sono, possível a todos os encarnados, norteando a consciência para um amadurecimento espiritual no momento que a criatura pode entender e aproveitar esse auxílio divino.

— Mas há casos em que é notável a recuperação de traumas, fobias, síndromes diversas.

— Embora haja o esquecimento de fatos de vidas passadas, como uma bênção divina para oportunidade de renovação da criatura, os sentimentos vividos permanecem na alma eterna. Quando um sentimento infeliz é muito forte, ele acorda a alma com uma ressonância do passado que implica dificuldades na vida atual. A terapia seria a de não lembrar de uma ou mais vidas passadas, mas **somente** de um fato passado, suficiente para esclarecer a causa do sofrimento atual. Quem se conscientiza de seus traumas está apto a superá-los. Por exemplo, se Florinda-bonita pudesse ser auxiliada por meio dessa terapia da ressonância do passado, ela descobriria que nutria receio da figura masculina como defesa, no íntimo não querendo sofrer mais como sofreu, quando foi Florinda-freira. Com o recurso de conscientização sobre essa ressonância do passado, talvez sua vida teria sido outra, com formação de um lar e filhos, sem, contudo, não mais transgredir a lei de Deus. Outro exemplo: se Benedito-fazendeiro pudesse ser auxiliado por meio dessa terapia da ressonância do passado, ele descobriria que nutria um grande remorso, que não conseguia ser entorpecido com o uso do álcool, no íntimo querendo casar-se e constituir uma família com muitos filhos. Seu desprendimento e carinho ao lar constituído poderiam libertá-lo do vício e do orgulho.

— Como nos atrasamos! Estudar alguma ressonância do passado em nossa vida terrena seria importante auxílio, não é mesmo?

— O homem ainda está no estágio de deslumbramento com referência às coisas espirituais. Quando houver mais respeito aos sentimentos do próximo, o estudo da ressonância do passado na vida atual de cada pessoa poder-se-á realizar um excelente trabalho de assistência espiritual. Enquanto a ciência se demora na confirmação das leis divinas e sua imprescindível importância para cada indivíduo, as correntes religiosas mais esclarecidas são instrumentos dóceis para o auxílio, embora muitas vezes de maneira intuitiva.

— Como aquele que sofre hoje na Terra poderia nortear-se em busca do auxílio?

—Ainda o maior auxílio é Deus. O hábito da oração é eficaz para o homem conseguir o auxílio por meio de muitos benfeitores espirituais. À medida que o homem se desprende das coisas materiais que o envolvem e se eleva a Deus, ele abre para si mesmo a possibilidade de se projetar para fora do corpo, a princípio de maneira inconsciente mas depois conscientemente, e saber a causa anterior de seus sofrimentos atuais. E quando isso acontece, naturalmente, ele pode fazer uma retomada de forças para mudar um sentimento infeliz, como autor de seu próprio destino, eliminando o sentimento daninho e adquirindo sentimentos novos.

Benedito satisfeito, com o esclarecimento, colocou-se à disposição da terapia.

investir nos relacionamentos

Capítulo 13

Benedito conseguiu ampliar sua consciência, viu-se no passado distante em um lugar estranho e, depois de alguns minutos, constatou estar aprisionado em uma cela. O cubículo era pequeno e desconfortável. Alguns raios do sol entravam em uma escotilha estreita bem no alto da construção. Sentia-se contrariado de ter sido punido, sem ter condições para fuga. No maior descuido da vigilância, claro que aproveitaria para fugir, como já o fizera outras vezes. Enquanto aguardava, lembrava-se de sua mãe, como ela deveria estar chorando, sabendo que seu filho é um ladrão. Isso não cabia naquela cabecinha.

Precisava sair dali e dar uma boa desculpa para ela. Que estou sendo injustiçado! É isso mesmo, não poderia eu ficar ali sofrendo uma injustiça. Sorriu e gostou da ideia. Pediria para a própria mãe auxiliá-lo a fugir para outro Estado, sua irmã seria também compreensiva auxiliando-o a ir para bem longe e não trazer mais inquietações à família.

Quando jovenzinho, era forçado socialmente a encontrar um trabalho remunerado e digno, sentia-se um escravo da sociedade, com complexo de inferioridade em comparação com pessoas de outras funções; era envolvido de uma moleza no corpo, um sono psicossomático pela falta de vontade e empenho na ação imposta.

Muito esperto conseguiu enganar a todos e fazer um semblante inocente de quem teve todo seu destino manchado pela maldade alheia. Sua caminhada terrena foi cheia de tropeços sociais, muito mais infelizes do que o descontentamento que o lema "ordem e progresso" lhe solicitava na vida. Faltou com respeito ao próximo, sacou-lhe os bens, cujas vantagens ilusórias escaparam por entre os dedos de suas mãos.

Já no fim da vida conseguia vencer toda aquela rejeição que sempre teve contra o trabalho, podendo fazer um ou outro serviço com algum zelo para seu próprio bem-estar espiritual, e ter algum trocado para sobreviver. Morreu sozinho, desencarnou cedo. Às vezes era lembrado na infância risonha e protegida, nada indicando o rumo daqueles acontecimentos futuros. Foi amado e teve que ser esquecido como remédio salutar para quem ama e sofre.

Benedito despertou da terapia triste, agora sentindo que suas vidas passadas eram depósitos de imperfeições. Não quis ver mais nada, para não desacreditar que estava evoluindo, melhorando a cada dia. Tinha de fazer o bem sem hesitar, como Dona Anna falou. Deveria trabalhar mais, pelo presente e para o futuro, para distanciar-se do passado. Não podia mais perder tempo em cogitações, deveria encetar o que de melhor Deus pudesse colocar em sua vida. Entregava-se em prece, desejando reencarnar e contar com os que amava, como respaldo, apoio espiritual, mas também vencer no relacionamento com todos a quem prejudicara, para de alguma maneira devolver-lhes tudo, ceitil por ceitil.

Foi assim que Benedito apresentou-se no Departamento de Reencarnação, com serenidade e discernimento para ouvir os conselhos amorosos de benfeitores espirituais capacitados a encaminhar os Espíritos em renovação.

Ele teve de pronto uma entrevista, em que foi ouvido com interesse sobre suas aspirações em querer ajudar sua mãe mais antiga, estar perto de Florinda, alcançar um a um todos que de algum modo prejudicou para, amistosamente, resgatar débitos infelizes. Se pudesse entreter uma aproximação com sua mãezinha querida desta última reencarnação, também ficaria muitíssimo feliz.

Foi com surpresa que Benedito ficou sabendo que muitos casos já foram resolvidos com o passar dos séculos. Alguns relacionamentos tornaram-se saudáveis, facilitando-lhe receber o perdão e compreender a justiça de Deus. Benedito fora instrumento do mal que, um a um, de alguma maneira, atraiu para si mesmo, ele prejudicou mais a si próprio do que aos outros.

Não havia débitos que atravancam a caminhada evolutiva na Terra, como o sentimento de vingança de

Espíritos que foram prejudicados, mas ainda havia muito trabalho na conquista de alguns Espíritos que nutriam desconfiança, antipatia e fortes rejeições. Somente um alto sentimento de fraternidade e uma ação fervorosa no Bem poderiam resgatar esses relacionamentos.

Benedito via, com o bondoso entrevistador, como lição de vida anterior, que fora punido em sua própria consciência. Foi lembrado que, apesar de contrariado, ainda assim não fugiu da vida religiosa que, além de restabelecer a impunidade, nos tempos idos, funcionou como um educandário de almas.

Benedito poderia agora não resgatar débitos e prejuízos materiais, porque o usufruto é mesmo temporário, mas investir nos relacionamentos com as pessoas. Poderia exercitar tudo que aprendeu e aprende agora no trato com o próximo, dar e trocar testemunhos de fraternidade e compreensão das dificuldades e limitações alheias. Poderia fazer melhor tudo que contrasta com o que ele pensa e vivencia no plano espiritual. Ele poderia abraçar compromissos na área de assistência espiritual, num molde renovador e consolador para os homens.

— Não estou preparado para tarefa deste porte! – Benedito acentuou pensativo.

— Quem está preparado, meu irmão? Os irmãos superiores que administram colônias, educandários nas esferas mais altas? Ou aquele que despertou para sua verdadeira vida espiritual, que já serve ao próximo, encarnado e desencarnado, nos lares e postos de socorro espalhados junto à crosta terrena?

—Tem razão, no entanto eu não poderia preparar-me melhor? Não quero ser um líder religioso.

— Prepare-se junto àquele que foi seu pai na mais recente encarnação. Ele encarnará primeiro junto à sua mãezinha como filho primogênito, e se houver possibilidade, você poderá também ser aceito na família que brevemente irá ser constituída.

— Meu Deus, eu não poderia ter uma oportunidade de vida terrena melhor que essa!

— Fale com Padre Germano da sua necessidade de transferir-se para o Educandário e faça junto ao seu pretenso irmão de sangue um estudo profundo sobre a boa nova que está sendo trazida aos homens em processo de regeneração.

Agradecido, Benedito saiu dali radiante. Levou alguns dias para despedir-se dos assistidos, dos companheiros e do Padre Germano. No Educandário dos Girassóis, ele foi recebido com muito carinho por todos. Seu pai, digo futuro irmão, estava muito feliz, gostava de ser chamado de Manuel e nunca tiveram tanta facilidade para trocar ideias e impressões. Examinou com Manuel todas as anotações e relatórios de aulas e visitas, que seu irmão lhe apresentava.

Benedito estudava a parte filosófica e científica do Espiritismo e fortificava sua fé na ligação com Deus.

A Doutrina apresentada por Allan Kardec não é uma religião convencional, traz conhecimentos lógicos expressando para o homem terreno a possibilidade de uma fé agora raciocinada, sem os dogmas e ritos com que hoje já não se concorda mais. A Boa-Nova consoladora enfrenta sem mistérios a ciência, primeiramente examinando a causa dos fatos tidos como fenômenos paranormais, e hoje pesquisando as leis divinas que regem a vida dos seres. O Criador e a criatura ficam mais próximos, a fé mais robustecida e ao mesmo tempo a criatura mais confiante em si mesma, conscientizando-se de que é verdadeiramente uma centelha divina.

O ensino primordial é o moral.

— O que é moral? Qual o significado da moral? – Benedito perguntou como o estudante que às vezes fica embaraçado com dados tão simples.

— Moral é o discernimento entre o que está e o que não está em concordância com as leis cósmicas. O ser humano cósmico elege com inteligência e sentimento essa concordância. Em suma, concordar com o amor e a justiça universal. Fazendo nossa parte em amar, perdoar e auxiliar o próximo.

— Quais são essas leis cósmicas que nos regem e que na nossa ignorância podemos transgredir?

— O Criador é amoroso e justo! Como seres criados por Ele, trazemos no Espírito a consciência desse amor e justiça. Nós mesmos nos impomos os débitos da nossa discordância com o Criador. Então, o arrependimento, os sofrimentos e dificuldades da vida terrena são impostos por nós mesmos. Cansados de errar, queremos agora acertar e sermos mais felizes – discorria Manuel com o olhar brilhante, idealista.

— A moral instruída pelos Espíritos superiores que interpretam os ensinamentos de Jesus é mais fácil de ser assimilada, porque traz uma linguagem atual e o homem pode estar hoje mais amadurecido espiritualmente para compreendê-la – afirmava Benedito, surpreso e admirado.

— Ainda assim teremos que passar uma encarnação inteira estudando, lendo e relendo o Evangelho, segundo essas instruções dos Espíritos, para que consigamos vencer o mal que ainda reside em nós, para não sermos arrastados pela força milenar das imperfeições que já nutrimos – Manuel revisava o que aprendia.

— No entanto, poderemos falhar se estivermos envolvidos pelo esquecimento de vidas passadas, não acha?

— É o risco que corremos. Não devemos estar indiferentes ao chamamento que recebermos para conhecer as coisas espirituais. Se na vida terrena não despertarmos o interesse para aprender e praticar esses ensinamentos, a vida nos ensinará de maneira mais lenta e dolorosa, porque aprenderemos com as consequências dos nossos erros.

— Muito bem, como difundir, transmitir esses ensinamentos tão difíceis para nós mesmos?

— Repetindo-os e exemplificando-os! E digo mais, só assim que verdadeiramente aprenderemos!

— Ótimo! Não tenho pretensão alguma de ensinar, mas posso igualar-me aos meus irmãos em esforço de redenção.

— O líder é aquele que mais aprende, mais ama e mais serve.

— Não me esquecerei disso.

Ficaram estudando ainda durante muito tempo, até que pudessem ser convocados para o reencarne. Enquanto isso, o lar terreno que os receberia passou por impedimentos e prorrogações para ser constituído, tão comum entre os casais que querem se conhecer melhor e ter condições de oferecer proteção e conforto para a família.

Florinda desencarna.

Ela vinha sendo preparada para conceber a ideia de que Deus é amor, Ele não nos abandona nunca. Na morte fechamos os olhos para a dimensão terrena e os abrimos para um dos muitos planos espirituais a que somos chamados, a fim de receber os primeiros cuidados espirituais pós-morte do corpo.

Florinda dormia e saía do corpo quase todas as noites. Sua mentora a conduzia sempre a um lugar onde ela pudesse aprender ou ser útil, porque Florinda oferecia condições psíquicas saudáveis para isso. Era uma mulher humilde, amorosa, que aproveitava todos os instantes para beneficiar alguém com um sorriso, um favor, uma frase que muitas vezes encerrava lição singela que a vida lhe ensinava. Florinda buscava a harmonia de seus pensamentos, sempre atenuando os defeitos alheios e buscando-lhes suas qualidades. Amava a natureza e se comprazia por horas nos cuidados de seu pequeno jardim. Todos à sua volta ficavam mais humanos diante de seus exemplos de mulher sem excessos. Não tinha vícios e era leal ao seu ex-companheiro, pai de seus filhos, preferindo uma abstinência sexual voluntária.

As mais frequentes saídas do corpo eram para o Lar São Germano, e Florinda ficava agora lá sentada no jardim, pensativa, até que pudesse rever Benedito, quando ele visitava o Lar. Numa dessas noites, além de sua mentora, também o Padre Germano veio lhe falar.

— Irmã querida, não te detenhas no passado, nem no presente, e sim no futuro que te aguarda. Benedito está se preparando para reencarnar e vós podereis ficar juntos outra vez, se isso for do teu agrado.

— Estou tão cansada, mas preciso não esmorecer. Tenho ocupações que tomam o meu dia inteiro e gosto de ficar sempre ocupada, pois cabeça vazia é oficina do diabo.

— Às vezes somos convocados ao repouso para uma retomada de forças, e só depois recomeçar com uma disposição ainda maior. Repousa um pouco, minha querida, depois vem mais fortalecida trabalhar conosco.

— Eu gostaria muito, mas Benedito diz que eu não posso ir além do jardim por enquanto.

— No entanto, tu poderás adentrar comigo nas dependências do Lar – disse Padre Germano sorrindo.

— Posso mesmo?

— Sim, poderás, amanhã talvez; agora tu precisas retornar ao teu corpo.

Florinda amanheceu tranquila, mas gostaria de não ter acordado. Sonhou nitidamente que se confessava com um padre e ele a atendia, não no confessionário, mas em um lindo jardim onde ela morava. Gostaria de ter continuado a conversa com o padre, mas acordou.

Na noite seguinte, Florinda afirmava para si mesma que nunca se sentira tão cansada, a cabeça pesada, precisava dormir e não conseguia. De madrugada, sentiu uma pressão no peito, porém não queria incomodar ninguém. Parece que dormiu e agora estava no jardim, alguém a segurava pelo braço, pois ela cambaleava sem conseguir equilíbrio. Eis que surge o Padre Germano.

— Florinda, vem, minha querida! – exclamou abraçando-a. Auxiliada pelos braços amorosos que a conduziam, Florinda adentrou o Lar São Germano pela primeira vez e chegou ao leito, onde ansiava descansar.

— Padre, eu estou tão fraca, preciso avisar minha família.

— Entrega-te nas mãos de Deus, minha filha, brevemente estarás fortalecida. Todos já foram avisados e estão orando por ti. Não tens que te preocupar com mais nada, porque Deus está cuidando de todos nós – Padre Germano transmitia tanta confiança, que Florinda dormiu por alguns dias.

Florinda desencarnou dormindo, e os choques emocionais dos familiares, choros e lembranças atingiam seu Espírito que enfraquecia. O melhor que os familiares poderiam fazer seria orar com resignação diante da vontade de Deus, para que a harmonia se fizesse também em seus corações saudosos.

O roteiro de Florinda na Espiritualidade seria quase o mesmo de Benedito, embora cada Espírito tenha sua individualidade, e por isso o aprendizado e os companheiros podem ser diferentes, mas pensamentos e sentimentos em concórdia na mesma direção ao Bem.

Benedito enumerava os desafetos de vidas passadas e, na necessidade premente de testemunhar que já não era o mesmo de outrora, sentiu-se impotente para conseguir a paz e o entendimento com todos em uma só encarnação. Foi orientado a realizar uma tarefa primeiramente oculta, mas depois ampliada e organizada no Bem, para conseguir amealhar todos esses corações numa verdadeira rede de auxílio ao próximo com o alimento espiritual do esclarecimento e do amor.

Ele não queria falhar e sabia que corria grande risco na vida terrena. Estaria cercado de materialismo, comodismo e tentações facilmente observáveis de onde se encontrava agora, porém na densidade vibratória de pensamentos dos encarnados ele poderia deixar-se arrastar em desarmonia sem qualquer vigilância.

Benedito sentiu que precisava cercar-se de Espíritos de boa vontade, no mesmo ideal de reforma íntima, para que fosse policiado pelos amigos e companheiros na tarefa redentora. Logo percebeu que no quadro das encarnações esses amigos seriam atraídos para si à medida que ele se fortalecesse no trabalho. O próprio trabalho no Bem forma uma aura magnética que atrai abnegados trabalhadores para o mesmo fim.

Benedito podia visitar Florinda, que ainda dormia um sono reparador, queria estar ao seu lado em oração e vê-la despertar.

Foi numa linda manhã que Florinda abriu os olhos e viu ao seu lado o semblante sereno de Benedito com os olhos fechados em oração. Ela sentia um bem-estar indescritível e como uma criança sussurrou:

— Você está rezando por mim, Dito?

— Sim, estava. Como vai você, Florinda?

— Eu? Só sei que estou num lugar bonito com você.

— Você está no Lar São Germano e aqui fica aquele lindo jardim onde nos encontrávamos. Você vai revê-lo e fazer muitos amigos aqui.

— Preciso me levantar – disse Florinda, disposta.

— Então venha, vamos, tenho que lhe falar tantas coisas.

— Dito, e as crianças?

— Que crianças? Eles são moços agora e cada um tem seu livre-arbítrio para plantar e depois colher. Não pense que eles estão sozinhos, cada um tem um Espírito amigo que os protege.

Aproximou-se uma moça vestida de um azul-celeste, sorrindo. Florinda ao vê-la murmurou:

— Oh, Irmã querida, o que está acontecendo comigo? – e suas lágrimas caíram sem querer.

— Está acontecendo o que é muito natural acontecer, minha companheira. Você descansa um pouco para recobrar energias benéficas para seu Espírito. A vida continua, o desencarne é parada obrigatória, mas o esforço de renovação e o crescimento espiritual não devem cessar.

— Eu morri?

— O corpo morre, mas o Espírito vive sempre.

— E agora?

— Sua adaptação aqui conosco será fácil porque você já tem em nós dois amigos; não somos, Benedito?

— Claro, Florinda, nós não perdemos as pessoas que deixamos na Terra; um dia nos reencontramos outra vez.

— Meu Deus, parece fácil e não é. Sei que Deus olha por todos nós, como disse Padre Germano.

— Muitas pessoas morrem e nem sabem que morreram. Outras ficam presas às coisas materiais e sofrem muito. Muitos que atravessam o Umbral ficam retidos por lá, um lugar ainda de muita dor – afirma Benedito, compadecido.

— Meu Deus, obrigada por ter me trazido para cá! E por quê?

— Você tem muito amor para dar, Florinda, e são muitos os que precisam de amor e esclarecimento – sua mentora falava com carinho.

— Não sou pessoa estudada para esclarecer os outros.

— Você sempre quis que as crianças estudassem, porque você não pôde. Agora é sua vez de aprender.

— Ah, eu quero aprender muito!

— Vamos passear um pouco no jardim – disse Benedito, feliz, e Florinda com alegria pulou da cama disposta.

o empréstimo da mediunidade

Capítulo 14

A reencarnação é uma lei divina que coloca o ser no meio ambiente espiritual onde por afinidade ele respira, mas vivenciando experiências novas para que ele aspire a um meio melhor.

São algumas ressonâncias de vidas passadas que barram a consciência para voos mais altos e puxam a criatura ao terra-terra, para o cumprimento de seus deveres e obtenção do direito de verdadeiramente ser livre.

Para quem vive em constante discordância com as leis divinas, por ignorância ou rebeldia, a reencarnação é imposta sem que ele saiba o que poderá encontrar ao reencarnar; para quem já demonstra vontade e empenho no Bem, a participação no próprio projeto reencarnatório faz parte de seu aprendizado.

Benedito aprendia que é uma questão de mérito ou de aprendizado nascer na superfície terrena em um lar harmonioso, onde imperam o amor, o respeito e a confiança, e onde os familiares convivem sem vícios e crescem com dignidade e trabalho.

Espíritos revoltados, rebeldes, endurecidos podem conviver em lares mais estruturados para receberem exemplos que testemunham o Bem, e lhes fazem visualizar o esforço a que são convidados. Muitos não aproveitam essa possibilidade reencarnatória de pronto e quando aproveitam não o fazem de todo, porque a Natureza não dá saltos, o progresso espiritual é paulatino.

Além disso, Espíritos amorosos aguardam seus afetos que caminham lentamente na vida terrena, no entanto sem ficarem parados em seu progresso próprio. A vida continua e ninguém pode ficar estagnado por desânimo, na espera da evolução do outro; há aqueles que evoluem somente pelo aguilhão da dor.

Benedito merecia um lar sereno e equilibrado, uma mãe amorosa, sensível e esclarecida; e poderia ter como irmão um Espírito com mesma afinidade no Bem, dando largos passos para sua ascensão.

O pai seria um Espírito ainda atrasado, receberia um fortalecimento espiritual junto à dedicada esposa, que lhe daria sustento com sua autoridade moral e singeleza, para que a família fosse irmanar-se, de maneira que não houvesse a presença nem de fortes nem de fracos, e sim de irmãos corajosos e ébrios de amor, na conquista de uma amizade eterna.

Benedito temia não conseguir manter-se unido aos familiares, embora tão caros, pois, analisando suas vidas passadas e disposições espirituais, nutria sem querer um sentimento de fuga, principalmente porque de fato demorou a conseguir vivenciar esse sentimento de verdadeira família, e quando o obteve, infelizmente usufruiu tão pouco.

Um dia comentava isso com Manuel e este logo respondeu:

— Antes eu pensava que você era orgulhoso em querer vencer na vida sozinho, ficar distante de quem o amava, sem interesse pela família. Hoje sei que você foi buscar todos aqueles que estavam inseridos em seu projeto reencarnatório, para juntos vivenciarem as experiências de que necessitavam...

— Eu não irei largar a família, se no nosso projeto está uma união que nos fortificará, não acha?

— Acho que você deve se preocupar em não largar a obra de amor ao próximo, que tanto precisamos realizar, porque você tem a tendência de ficar quieto no seu canto.

— Tenho mesmo!

— Então é neste ponto que você precisa vigiar...

Manuel não sabia o quanto contribuía para o preparo de Benedito que, preocupado com esse alerta, aproveitou certo dia, quando visitava Florinda, para falar com Padre Germano.

— Padre, como o senhor me conhece bem, acho que tenho inclinação a ficar numa situação e não renovar as ideias para sair do acomodamento em que me coloco.

— Isso é relativo, meu querido, depende muito do meio em que vives.

— Terei Manuel e minha mãe muito compreensivos, mas temo acomodar-me indiferente e não abraçar a causa que hoje estudo para empreendê-la bem.

— Exija um forte chamamento, meu querido, ninguém melhor do que tu para ser exigente contigo mesmo.

— Como assim?

— Programe um acontecimento, uma reviravolta em que o dedo de Deus te esteja impulsionando para perceberes um chamamento do Alto para a causa redentora.

— Não saberia como, por que nem mesmo eu sei o que poderia mover-me.

— Falo-te de minha experiência. Eu quis a mediunidade. Naquele tempo o estudo de tal sensibilidade era hermeticamente fechado no Oriente e em alguns pontos do planeta.

— Quem exercita a mediunidade deve ser uma pessoa especial!

— É um engano, meu querido, embora haja exceções, a maioria dos médiuns recebe essa capacidade como empréstimo.

— Empréstimo?

— Sim, você a utiliza em benefício do próximo e de si mesmo. Sendo um medianeiro para a manifestação de orientações espirituais, você é o primeiro a aprender. Com isso, fica incumbido de trabalhar de alguma maneira em favor do próximo, porque quem recebe precisa também dar.

— E se eu obtiver esse empréstimo, mas não conseguir realizar o que se espera de mim?

— A mediunidade é uma ferramenta que, utilizada no Bem auxilia, no presente e constrói um futuro promissor. Quando essa ferramenta não é usada para o Bem, logo enferruja e não serve mais.

— Será que depois de alcançar semelhante contribuição divina eu a usaria dignamente?

— A mediunidade é um serviço de amor que tu aceitas docilmente, com vontade de ascender espiritualmente à própria custa, sem esperar pelo céu das ilusões.

Agradecido, Benedito foi ao Departamento de Reencarnação do Educandário dos Girassóis solicitar o empréstimo da Mediunidade. Foi informado de que ele precisaria, nesse caso, fazer um estágio, visitando vários médiuns anônimos na superfície terrena, conhecer as tarefas, os impedimentos, as dificuldades próprias do encarnado, a assistência espiritual que recebe, os sucessos e os fracassos. Ficaria a seu livre-arbítrio querer prorrogar um pouco o seu reencarne, ou ser enviado ao reencarne na possibilidade que surgisse. Ele não precisava decidir por ora, mas teria que estar seguro do que deseja, para que o medo de reencarnar não fosse uma causa de gestação abortiva.

Benedito, após receber todas as orientações de que precisava, começou a perceber que é muito mais difícil reencarnar do que desencarnar. Quantas pessoas têm medo da morte! No entanto, via maior dificuldade agora, quando teria de fazer escolhas. A vida terrena também é cheia de situações, ou seja, de provas para o Espírito ser avaliado se ainda quer perseverar nas escolhas anteriormente feitas, no período anterior à vida terrena.

Sem sombra de dúvidas, a consciência na dimensão do Espírito é muito mais lúcida e expandida, e escolhemos o que sabemos ser melhor para o próprio amadurecimento espiritual, enquanto que na Terra nossas escolhas sofrem interferências do meio ambiente e ainda não nos é permitido antever os acontecimentos breves futuros, para estarmos seguros de o que fazer.

Como aprendizado básico, Benedito foi convidado a ouvir a preleção de um médium encarnado que orientava candidatos ao estudo da mediunidade.

> *"A mediunidade é nada mais que um sexto sentido que o ser humano possui. Todo homem traz esse sentido um tanto embotado pela falta de consciência sobre suas próprias possibilidades. O órgão transmissor é o cérebro com a glândula epífise ativada, para aumento da sensibilidade do Espírito na carne.*
>
> *O médium, que todos nós somos em maior ou menor intensidade, obtém maior atividade da epífise, que desenvolve no homem as suas funções psíquicas, desabrochando a sensibilidade de ver ou ouvir, perceber ou sentir, falar ou escrever emoções e sentimentos, para outros humanos quase imperceptíveis.*
>
> *Todavia o Espírito encarnado precisa aceitar essas percepções, que podem ser ampliadas à medida que ele se dedica ao bom uso desse recurso.*

Há médiuns que aceitaram a mediunidade como chamamento à sua maior atenção às coisas espirituais, para não se envolverem de todo nas querelas materiais. No entanto, a mediunidade como tarefa não se detém somente no próprio aprimoramento mas também conduz outros Espíritos, médiuns de tarefa ou não, para o autoaperfeiçoamento.

Graças a Deus, a mediunidade está sendo popularizada e saiu do conhecimento de elite, de uma camada social mais culta, que muito auxiliou na conservação desses conhecimentos hoje acessíveis para todos nós.

Aquele cuidado tinha uma razão de ser; vejamos na história as perseguições e mortes de irmãos considerados hereges, que nada mais eram do que médiuns a caminho de sua redenção. Foram Espíritos corajosos que serviram de chamamento, para a humanidade, de que os Espíritos são imortais e se comunicam com aqueles que estão estagiando na vida terrena.

Os médiuns chamados de hereges foram aqueles que não viam importância maior no igrejismo, nas exterioridades ritualísticas, e não cediam diante do terrorismo que se fazia e ainda se faz com o crédulo, dizendo-lhe que Deus castiga de muitas maneiras que não vou aqui lhes repetir.

Deus é amor, fonte inesgotável de misericórdia e tolerância para conosco. Os cristãos que foram mártires no Coliseu romano ou nas fogueiras da Inquisição eram médiuns, que morreram em estado de contemplação, na certeza da vida após a vida, das belezas e dos amigos espirituais. Embevecidos de amor, testemunharam seguir o Cristo sem sombra de dúvida.

O estudo e a aplicação da mediunidade continuava a ser para uma camada social selecionada, para que pudessem não só preservar os conhecimentos mas também exercitá-los e fazer distinção entre os muitos tipos de mediunidades e os diferentes graus evolutivos de Espíritos que podem se comunicar conosco.

Quando o homem morre, seu corpo desintegra, o Espírito vive sempre. A morte não promove transformações morais. Os mesmos sentimentos, emoções, concepções, vícios e defeitos que o homem terreno nutria no âmago de seu ser, o Espírito agora desencarnado conserva. O homem não vira santo depois da morte.

Hoje temos uma literatura fértil nesse campo da mediunidade; no entanto, ainda assim, há muitos irmãos cometendo desatinos pelo mau uso desse empréstimo divino, correndo sérios riscos de perder, além da mediunidade, o proveito reencarnatório. São aqueles que, de posse do divino tesouro da mediunidade, se empolgam no exercício do poder, achando-se mais importantes do que os outros, concebendo a ideia de tudo conseguir realizar graças ao auxílio de Espíritos desencarnados.

A Espiritualidade benfeitora está irmanada com o Espírito reencarnante de bons propósitos em suas tarefas, porém quando o protegido se desvia do caminho escolhido anteriormente, ele também se distancia dos benfeitores amigos.

O Espírito, encarnado ou não, tem o direito de utilizar o seu livre-arbítrio, ou seja, lhe é lícito escolher o que quer fazer, tudo lhe é lícito, porém a consequência de tudo o que vier a fazer é obrigatória, porque é lei divina que para toda causa há um efeito que retorna para seu emissor na mesma proporção vibratória.

A Terra, ainda um planeta atrasado na graduação espiritual, conta com muitíssimos homens que se submetem aos caprichos dos Espíritos. E somente Espíritos infantis, infelizes e inferiores exercitam o poder junto àqueles que se colocam no comodismo de tudo alcançar a expensas de seu petitório, sem haver empenho próprio.

Os Espíritos sérios e esclarecidos não perdem tempo com pedidos de auxílio exclusivamente material, muito menos ouvem nossas lamentações inúteis e competições sociais entre os homens. É nessa hora que Espíritos afoitos, que perambulam e espreitam as fraquezas humanas, conseguem o embuste de se passarem por Espírito protetor com o objetivo de brincar com a fé cega do encarnado ou de sugar as energias vitais do pedinte desavisado.

O médium é também uma vítima, quando não é estudioso e esclarecido. Deve estar em constante aprimoramento de suas percepções, para não ser enganado por um Espírito brincalhão que caçoa de seu esforço ou por um Espírito pseudossábio que coloca à prova sua capacidade de perceber o Espírito acobertado.

O médium educado ainda pode enganar-se quanto à sua sensibilidade, mas dificilmente quanto ao seu sentimento.

Além disso, as mensagens podem ser avaliadas com base nos ensinamentos de Jesus, ou seja, todo conselho que foge ao que o Evangelho ensina ou que deturpa as leis divinas, não pode proceder do Bem; por isso a importância do "Orai e vigiai" ensinado por Jesus, tendo sempre o coração puro e o bom senso.

O maior sacrifício do médium é a disciplina na perseverança, no estudo e na higiene mental. É característica do médium de tarefa ser altamente influenciável, mas é preciso conquistar uma flexibilidade à altura para ser um instrumento adequado. Com isso o médium sofre para discernir a prioridade de tudo o que faz e quer fazer.

Quando ele se compromete com a tarefa mediúnica, deve lutar contra os impedimentos que surgem, muitas vezes colocando em prova sua vontade de dedicar-se ou não à tarefa. É preciso o médium conseguir desvencilhar-se de toda influência negativa que venha interferir na sua tarefa de amor.

O estudo deve ser uma constante na vida do médium que, embora considerado um ser sensível para perceber os Espíritos, ainda mal os percebe e muito ainda ignora sobre a Espiritualidade.

A falta de higiene mental tem derrubado muitos médiuns, dificultando a sintonia com Espíritos elevados, perdendo a concentração, não conseguindo desprender-se das preocupações e submergindo nas águas turvas da negatividade. Nesse estado, a alma fica doente, cuja doença torna-se perceptível somente quando se manifesta ou se expurga no corpo físico, exteriorizando a necessidade de socorro espiritual para o médium. Médium doente precisa receber energias benéficas e não pode dar o que no momento lhe falta.

Há uma ideia errônea de que o médium se cura com o próprio trabalho. O médium, na tarefa redentora que abraçou, se distancia do passado, cura-se não sendo mais o que ele foi, exercitando agora o que ele quer ser e, com o tempo, poderá afirmar que consegue ser melhor do que era. Esta é a cura. No entanto, se o médium se apresenta deprimido, negativo, angustiado, sofrendo espiritual e fisicamente, ele precisa de assistência espiritual, de reciclar e dinamizar seus estudos para mais profunda reflexão sobre o que antes não viu com atenção, ou não conseguiu compreender, ou não era momento adequado para o seu aprendizado.

Quando o médium se renova, analisando suas tradições, concepções, citações, comportamentos, e consegue fazer uma mudança para melhor, ele higieniza sua casa mental, eliminando o que não lhe serve mais e buscando nova maneira de pensar, de sentir e de agir.

A mediunidade não é um instrumento somente para servir de ajuda ao próximo. Quando o médium estuda, ele é medianeiro ao mesmo tempo do auxílio Espiritual que ganha, principalmente do Espírito que o protege. O mentor espiritual individual, que toda criatura encarnada recebe como misericórdia do Criador, quando necessário busca outros Espíritos afins para o auxílio específico de que venhamos a precisar.

Tudo que enriquece o Espírito enriquece o médium, e seu coração pulsa, participa com ardor nessa verdadeira campanha de promoção do Bem pelo Bem.

A maior tarefa que o médium empreende é consigo mesmo, porque não se pode divulgar o Evangelho sem vivenciá-lo e, para os mais observadores, ele não pode deixar de ser um "Evangelho vivo".

O empréstimo da mediunidade confere possibilidades que, sem elas, o homem não poderia comprometer-se.

Quanto maior vontade e empenho no Bem, melhor sua capacidade de sintonia com as esferas mais altas. Sem isso, o medianeiro se vê impotente, sem saber o que fazer. Toda vez que se descuida do pensamento edificante, ele logo hesita, vacila na tarefa mediúnica.

Alguns médiuns dizem que não depende deles mesmos e sim da Espiritualidade a manifestação mediúnica. E eu vos afirmo que depende do médium e de todos aqueles que aguardam a manifestação do Espírito. A transmissão mediúnica é mérito conquistado pelo médium e seus acompanhantes, encarnados e desencarnados.

Nos momentos que precedem um intercâmbio espiritual, há um teor vibratório das mentes em conjunto, que formam uma egrégora ou clima espiritual favorável à comunicação de Espíritos de determinado grau. O médium, quando sente que seus propósitos são elevados, mas o ambiente vibra descaso, curiosidade, incompreensão, pode tornar-se um instrumento em concordância com o ambiente, ou ainda recusar-se a ser medianeiro de Espíritos que infelizmente em nada podem auxiliar. Quando o grupo possui uma vibração alta de amor, desprendimento, fé e esperança, o conjunto pode até mesmo requalificar as vibrações do médium invigilante e elevar o teor vibratório do instrumento, culminando num intercâmbio proveitoso para todos.

Ser médium é acender sua própria luz para Espíritos sofredores e iluminar-se com os Espíritos benfeitores. Nas duas diferentes comunicações, o médium sempre aprende. Os sofredores, quando desabafam dores, erros, enganos e desilusões, estão passando advertências, pois, ao mesmo tempo em que pedem ajuda, prestam auxílio para que sejamos prudentes para também não errarmos. Os benfeitores amigos estimulam a perseverança no Bem, a dedicação ao próximo, o estudo para o autoconhecimento, a eliminação de vícios e defeitos. Muito raramente dão um determinado conselho, porque respeitam o nosso livre-arbítrio. Se os Espíritos benfeitores nos guiassem em tudo, o mérito de nossas conquistas e vitórias de fato não seria nosso.

Os Espíritos perversos, orgulhosos, zombeteiros interferem, afirmam o que você tem de fazer, ordenam e cobram, de acordo com seus interesses. O maior erro desses Espíritos não está nos sofrimentos que acarretam ao próximo, e sim na discordância com as leis divinas, ou seja, o desrespeito aos sentimentos e ao livre-arbítrio do próximo. São responsáveis pela ausência do Bem e o impedimento de todo o Bem que poderia ser realizado se eles não interferissem.

O sofrimento já é uma consequência de outra envergadura, ou seja, o carma. O débito amealhado por um Espírito em uma ou mais encarnações, no momento certo, expurga na carne, naquela encarnação. E ele sofre, porque é o seu momento de sofrer, seja por esse ou aquele instru-

mento, humano ou espiritual. É a hora bendita da dor que, vivenciada sem lamentação, com resignação, coragem, boa vontade para compreender a justiça divina e suas leis cósmicas, é a porta para nossa libertação do passado e por isso mesmo nos permite trabalhar pelo nosso futuro.

Você pode erguer-se dos escombros do passado pelo sofrimento ou pelo trabalho. Isso vai depender de suas próprias disposições espirituais. Quem se conservar no papel de vítima, de injustiçado, vai ressarcir seus débitos espirituais muito mais pela dor do que pelo trabalho. Já quem lutar para compreender e modificar-se para melhor, vai aceitar um chamamento divino para refletir e crescer. O trabalho está implícito na tarefa de renovação do ser, porque é vibração ativa e renovadora.

A mediunidade utilizada no Bem é um trabalho que queima o carma, ou seja, extingue o amontoado de débitos espirituais e, não por acaso, mas por esforço e dedicação. A mediunidade pode ser uma alavanca para o crescimento do Espírito que não quer mais errar, que se afasta do passado cada vez mais.

A tarefa redentora do médium vitorioso até mesmo pode prepará-lo para, na reencarnação seguinte, ser um médium intuitivo natural e espontaneamente um missionário para a humanidade terrena."

A preleção parecia chegar ao final, quando foi aberta aos ouvintes a possibilidade de obter respostas às suas dúvidas. Foi quando alguém objetou que a maior dificuldade é o médium conseguir saber se está no caminho certo, se sua capacidade mediúnica não está sendo mal orientada, qual estudo deve ser feito, qual seu tipo de mediunidade, qual a tarefa que deve realizar com sua capacidade mediúnica. O preletor acentuou:

> *"Logo que o homem percebe que há uma interferência espiritual, deve procurar a instituição espírita que oferece assistência, estudo e estágio. A literatura espírita é vasta nessa área. Não é confiável o grupo instituído pedir-lhe primeiro o trabalho, sem prévio estudo de suas próprias possibilidades e dificuldades mediúnicas. As demais orientações em curso serão dadas diretamente por seu mentor individual.*
>
> *Não pode existir o exercício mediúnico sem o auxílio do mentor espiritual que protege e guia cada indivíduo. Quando o candidato ao serviço mediúnico não percebe seu mentor, ainda não está apto ao desenvolvimento do trabalho".*

A reunião foi encerrada com preces de agradecimento.

falando com mamãe

Capítulo 15

Benedito teve a possibilidade de fazer parte de um grupo de pesquisa mediúnica sob os cuidados do coordenador Délio e um grupo de apoio formado por jovens assistentes que auxiliavam em alguns pontos importantes de cada visita.

Os médiuns eram visitados não só no momento de qualquer envolvimento espiritual, mas também no cotidiano, sendo observados seus pensamentos, atitudes e densidade vibratória.

Inicialmente visitaram os médiuns naturais, ou seja, que espontaneamente utilizam a intuição, útil a si mesmos e também aos outros à sua volta.

Em alguns casos eram mães, que abriam seu potencial espiritual voltadas para os cuidados com os filhos. Em outros casos homens e mulheres podiam ser capazes de expandir suas vibrações e impulsionar o crescimento espiritual de outros, por meio de um trabalho comunitário de dedicação e amor.

Benedito conseguiu fazer uma observação que foi ouvida com atenção pelos companheiros, no que segue o diálogo com o coordenador.

— Parece que a possibilidade de cada médium que visitamos seria bem maior, no entanto utilizam muito pouco as condições mediúnicas. Creio que a densidade vibratória terrena é pesada, dificultando a percepção, mas também não seria uma outra dificuldade talvez maior?

— Sim, meu irmão, as dificuldades são muitas ainda. Poderia expressar o que o irmão sente?

— Sinto que o médium precisa confiar mais nas suas próprias potencialidades que foram outorgadas por Deus.

— Isso mesmo. A mediunidade não é completamente passiva, requer sua vontade, sua confiança, o uso de sua própria bagagem espiritual.

As visitas continuavam demonstrando que os médiuns intuitivos possuem uma densidade espiritual mais radiante, porém mesclada de alguns pontos obscuros significativos de que as crenças supersticiosas, a ignorância e os temores embaçavam e impediam a expansão de amor que essas criaturas são capazes de doar. Quando a razão é fortalecida pelo estudo e o conhecimento, haverá um equilíbrio firmando esse sentimento de amor tão bonito que já há dentro do ser.

O grupo podia contar com o auxílio de um aparelho usado na Espiritualidade pelos Espíritos bons, mas também pelos maus, cuja finalidade é medir a vibração espiritual de cada um. Assim, os Espíritos se reúnem conforme a semelhança de vibrações, seja no Umbral, nos Vales de sofrimento, nas Trevas, ou nos Lares, Educandários ou Colônias espirituais. O aparelho em questão, que o homem na carne ainda não conhece, na verdade mede a frequência das ondas de amor, porque esse sentimento divino, que todos nós podemos conquistar, vibra em frequência alta, rapidíssima, e sua ação tem luz, enquanto que as ondas vibratórias com diminuto amor são de frequência baixa, lenta e quase sem cor.

Benedito ficou curiosíssimo a respeito do aparelho para medir as vibrações do Espírito.

— Por que na Terra ainda não se pode contar com esse aparelho tão prático? – Benedito, surpreso, perguntou ao coordenador.

— Porque o homem ainda não está preparado para utilizá-lo. Quem ainda não cresceu moralmente, não tem a responsabilidade necessária para o uso desse recurso, que foi planejado **não** para julgar, discriminar, rejeitar o próximo.

— Qual sua exata finalidade?

— Agrupar as vibrações afins, para aprimoramento uns com os outros. E, se necessário, localizar vibrações superiores para um auxílio ainda maior, conforme o merecimento do assistido. Observe o exemplo, que por ora podemos lhe dar.

Visitavam uma família de quatro pessoas. Os pais trabalhavam fora e duas irmãs ficavam em casa, devendo dividir as tarefas do lar e conviver em harmonia para a segurança e tranquilidade do casal ausente.

Uma era risonha, criativa e prestativa quando queria, enquanto a outra era pensativa, tímida e preguiçosa, sendo também candidata à mediunidade de tarefa logo que atingisse a maioridade.

Naquele dia, a futura médium em questão precisava de auxílio para que não entrasse em envolvimento mediúnico muito cedo, devendo ser feita em seu favor uma dispersão de fluidos, dando-lhe alívio e trégua. Ainda não estava preparada e fortalecida para o futuro chamamento.

O aparelho assinalava uma diferença vibratória entre as irmãs, de maneira que estavam fisicamente juntas porém espiritualmente separadas, dificultando esperar que uma pudesse compreender o estado emocional da outra.

A elevação vibratória poderia ser feita se a futura médium não ficasse longamente retida no leito, onde após o sono reparador ainda permanecia pacificamente a mercê das energias deletérias que seu pensamento fugidio amealhava. As energias negativas concentrando-se no bulbo pesavam-lhe a cabeça, que muitas vezes doía sem que ela soubesse a causa.

O grupo precisava encontrar um meio de auxiliá-la por intermédio de outra pessoa, já que ela mesma não tinha consciência nem iniciativa para buscar socorro.

Não vamos relatar a ideia de cada um do grupo espiritual com a proposta de ajudar e a viabilidade ou não de cada ideia, mas o caso foi assistido por intermédio de uma amiga de escola, que foi sugestionada espiritualmente a fazer uma breve visita e solicitar um livro emprestado.

Essa amiga contou com entusiasmo sobre as aulas de natação muito agradáveis que havia iniciado recentemente em uma instituição pública. Estimulava com alegria a participação da outra, com a exigência única de ter que se levantar cedo, mas o esforço seria compensado pela disposição física, mais saúde e "cuca" fresca.

Benedito ficou encantado. Não via na amiga em questão nenhuma afinidade com a médium em estudo, mas o aparelho a isso contrariava, mostrando o mesmo teor vibratório entre elas. Délio pacientemente explicou:

— O aparelho nos auxilia a encontrar o mesmo teor vibratório, cabendo-nos sugerir a aproximação. E, diante do desenrolar dos fatos, acuramos nossa percepção para confirmar a indicação que fora feita. Vejamos: a amiga entrara na natação por influência da mãe para que fizesse exercício para desenvolver seu crescimento físico, e com isso ela poderia também perder o terrível medo de água. Inesperadamente, aquela atividade estava sendo favorável para que ela fizesse novos relacionamentos passageiros e motivadores da continuidade do compromisso.

— A mãe a acompanha e incentiva! – acrescentou um jovem assistente.

— Sim, de fato mãe quer ajudar e a filha quer ser ajudada pela mãe, porém conservando a mãe a distância. A jovem precisa confirmar para si mesma que tem força de vontade também, não só a mãe.

— Ela gostaria de ir sozinha? – Benedito naturalmente começou a fazer perguntas participando atenciosamente.

— Não, logo desanimaria. Precisa de outra companhia para discretamente uma exigir da outra a constância, porque ambas de fato têm a inclinação de ficar languidamente sem fazer nada, porém ocupadíssimas, com a casa mental em desalinho.

— Parece que a mocinha vai aceitar o estímulo.

— Vai, e seu mentor constantemente vai relembrar a importância da saúde, bem-estar físico, conversa sadia, incentivar metas e outras ideias capazes de movê-la para melhor.

— Ela sempre terá o auxílio de que precisa?

— Hoje ela aprende, não na teoria e sim na prática, a importância da renovação de suas energias vitais, que pode ser feita de inúmeras maneiras. Depois que a lição for aprendida não precisará de auxílio como hoje, devendo ela mesma no futuro relembrar tudo o que lhe faz bem.

— A natação faz tão bem assim?

— Tudo que coloca o médium em maior contato com os elementos da natureza é saudável para sua revitalização. Contato com a água, o vento, o sol, a chuva, as plantas, os animais, as crianças. Caminhar, correr, pular, dançar, cantar, sorrir faz muito bem. Uma prece singela e pia também soergue o Espírito mais abatido, quando ele se põe em contato com o Criador de tudo.

Benedito compreendia que a Espiritualidade não poderia ficar à disposição do médium para sempre inspirar ou sugerir boas ideias. Somos nós mesmos que devemos abrir a bagagem do que já conhecemos e colocar em prática.

Além disso, o médium deve estar buscando constante renovação íntima, para discernir o momento de eliminar o que não lhe serve mais e criar novos hábitos espirituais graças à sua paulatina conscientização.

Ser médium é constantemente procurar o que é melhor a si mesmo, sem prejudicar o próximo, para ter hábil sintonia com o mais Alto. Nessa sintonia ele capta o que também é melhor aos outros, para possivelmente ajudá-los.

Muitos médiuns de boa vontade, porém desorientados no Bem, se confundem entre a ideia de servir com devotamento e de sacrificar o cuidado consigo mesmo, a pretexto de evitar cair nas malhas do egoísmo. Egoísmo sempre implica prejuízo ao próximo. Quando o Espírito quer aprimorar-se no exercício dos ensinamentos morais e espirituais que o Cristo nos ensina, a vigilância interior é imprescindível, a fim de que no futuro não venha a surpreender-se com o Bem que deixou de fazer a si mesmo, por negligência e desrespeito a Deus.

A visita espiritual parecia estar chegando ao fim diante da nova predisposição espiritual da assistida. No entanto, Benedito ficou surpreso quando o coordenador disse que agora teriam que empreender a tarefa mais difícil.

— A jovenzinha, na verdade ainda recém-chegada da Espiritualidade à vida terrena, logo aceita docilmente nossas influências fluídicas para o seu bem, assim como poderia aceitar as influências perniciosas a que ela também está exposta. No entanto, essa versatilidade espiritual a auxilia com o tempo a conhecer e diferençar as energias negativas e positivas. No que concerne aos adultos, a tarefa fica mais difícil porque, há mais tempo envolvidos na densidade terrena, não conseguem perceber o auxílio benfeitor que por ora disponibilizamos e frequentemente interferem na sua realização.

— Como interferir na realização de algo que não lhes afeta e só traz benefícios?

— O Espírito encarnado distancia-se de Deus à medida que se envolve com o ambiente terreno e não aviva com frequência sua memória espiritual por meio da prece, da confiança de que o auxílio divino sempre chega. É preciso buscar nos menores acontecimentos, situações simples, palavras, gestos, ideias, uma intercessão de Deus, por meio do que ele permite a seus servidores realizar em prol da humanidade terrena. Os adultos, com algumas exceções, deixam-se envolver com sentimentos daninhos do receio, da pretensão de autoridade junto à família, do endurecimento de ver numa alegria a chance de chantagem afetiva e emocional, fazendo cobranças de comportamento e de sentimentos. Muitas vezes o adulto não vê como dar um respaldo de apoio, porque não se coloca lado a lado. No entanto, há de um dia aprender que um olhar de amor puro e sincero pode robustecer uma alma, para tudo o que ela precisa enfrentar em sua luta terrena.

Não vamos perder tempo em descrever a cena familiar em que os pais surpresos jogavam um para o outro a responsabilidade de permitir ou não que a filha fosse para a natação. Depois de colocarem dificuldades em todos os detalhes, como a distância, o vestuário, o clima, a companhia, a fragilidade física, o perigo etc., as energias fluídicas favoráveis que os benfeitores espirituais ali trouxeram foram extintas, restando agora no ar e pesando sobre todos as vibrações de negatividade amealhadas por eles mesmos. O diálogo poderia ser breve, alegre, confiante em Deus, porém não foi.

No dia seguinte o grupo de estudos, retornando ao lar, para a continuidade da pesquisa e se possível o auxílio permitido, observou que a jovem não teve forças para sair da cama, faltou ao encontro com a amiga, porque uma forte dor de cabeça a impedia de se erguer.

Já por volta do meio-dia, sem querer comer nada, receberam a visita da jovem tia Luísa, que trazia em mãos convites para que as sobrinhas em breve estivessem presentes a uma audição musical.

Tia Luísa veio espiritualmente acompanhada dos jovens assistentes da equipe de estudo, atendendo ao pedido do coordenador do grupo. Os convites seriam enviados pelo correio, mas a saudade das meninas era um sentimento que, com alguma sugestão espiritual, poderia materializar-se numa visita tão agradável naquela tarde.

A presença sorridente de Luísa trazia uma aragem tão benéfica aos ânimos das meninas, que a mocinha, embora penosamente, se erguia do leito, sem saber o que fazer.

Luísa, com delicado sentimento, percebeu que devia animá-la sem questionar a causa de sua expressão apática. Propôs fazerem um lanche juntas, mas diferente. Com criatividade e bom gosto conseguiu miraculosamente despertar o apetite da sobrinha. Juntas fizeram a higiene da cozinha, enquanto Luísa discorria sobre seu ideal de paz, harmonia e beleza que a música lhe proporcionava.

Depois de conseguir a confirmação segura de que as meninas estariam presentes na audição musical, Luísa preparava-se para despedir-se quando o mentor da jovem em estudo soprou-lhe no ouvido que ela abrisse seu coraçãozinho para a tia querida.

— Tia Luísa, como eu gosto de você!

— Eu também, minha querida, se pudéssemos ficaríamos sempre juntas, seria uma alegria!

— Tia, você sabe nadar?

— Nadar?

— Sim, você aprendeu a nadar numa piscina?

— Sim, quando eu era pequenina, mas gosto mais de brincar na água do mar.

— Eu ia começar a fazer natação hoje, mas não estive passando bem esta noite e...

— Seria ótimo, vai lhe fazer muito bem!

— Não sei se deveria ir ou não...

— Irei com você!

— Vai comigo?

— Vou e quero ver você nadar feito um peixinho!...

A conversa agora estava cheia de risos. Com essa motivação, agora ambas irmãs decidiram fazer a natação. Não se discutia qualquer impossibilidade ou hesitação, queriam experimentar alguns trajes de banho que estavam sem uso. Desfilaram as roupas com entusiasmo para a observação da tia, sugeriam e emprestavam roupas umas para as outras com amizade e compreensão. As meninas não podiam estar na companhia de pessoa melhor, cuja hierarquia espiritual sopitava a ideia de qualquer censura por parte dos pais.

Benedito ficou emocionado, uma cena comum que podemos encontrar todos os dias em alguns lares que ignoram a presença do auxílio de forças invisíveis, mas estranho sentimento de amor enchia seus olhos de lágrimas quentes que ele mesmo não podia compreender. Délio veio ao seu encontro, dizendo-lhe:

— Aproxime-se um pouco mais de Luísa, Benedito, para que você possa compreender seus próprios sentimentos – ele o fez docilmente, olhou-a nos olhos e, no profundo de seu ser, sentiu que olhava para sua querida mamãe de outrora.

— Mamãe! – exclamou Benedito surpreso e ébrio de amor.

— O que foi, tia, você está chorando? – observaram as meninas que a tia umedeceu os olhos numa emoção passageira.

— Talvez a alegria de vocês esteja mexendo um pouco comigo, que estou sentindo uma saudade da infância, sei lá – Luísa respondeu procurando definir o que sentia.

— Não quero minha tia queridinha triste!

— Não se preocupem, não estou triste, muito pelo contrário, estou muito feliz e vir até aqui hoje foi o melhor que pude fazer.

Benedito foi abraçado pelos companheiros, que compreendiam o que ele sentia naquele momento tão especial. O grupo transmitia-lhe gratidão a Deus, certeza de que nada acontecia por acaso e, ainda, que ele precisava controlar as emoções para, de alguma maneira, não prejudicar Luísa.

— Que saudade, que saudade! – Benedito exclamava.

— Calma, querido, nesta noite vocês poderão conversar quando ela for trazida fora do corpo – afirmou o coordenador.

— Estou muito ansioso por esse momento!

— Cuidado, há dois extremos que dificultam muito a comunicação dos dois lados: o medo e a ansiedade.

— Certo, eu preciso moderação para não perder o equilíbrio e, ao mesmo tempo, não interferir desastradamente, prejudicando-a emocionalmente. Aguardarei em prece para que ela consiga êxito no desdobramento. Esta saudade parece uma eternidade em meu peito, quero abraçá-la com o amor que não consegui expressar nessa última encarnação.

— Você ficou dividido entre o amor e o dever.

— Não, eu amo também Florinda!

— Sim, agora a ama. E as almas que se amam estarão juntas, porque essa é a Lei. O distanciamento é temporário e necessário para o crescimento espiritual. Depois, Deus reúne novamente os que se amam para poderem nutrir um amor eterno.

— Quem pode sair do corpo e ter conosco é médium?

— Naturalmente. Todos nós, Espíritos imortais, enquanto estagiamos na vida terrena, temos a possibilidade de sair do corpo. O Espírito temporariamente liberto do corpo às vezes não sabe para onde ir, quando não vislumbra seu Espírito guardião. Frequentemente, fora do corpo o Espírito vaga dentro do próprio lar, sem consciência de seu desdobramento e resta pensando ou visualizando o que faria mais tarde, quando novamente de posse do corpo pudesse realizar as atividades terrenas.

— Aprendi a ver com naturalidade Florinda encontrar-se comigo, enquanto ainda encarnada. Depois, de volta ao casulo da carne, ela não se lembrava de nossas conversas, guardando ligeira impressão.

— Impressão que fica marcada nos sentimentos, Benedito, porque fatos são transitórios; o importante é a qualidade do relacionamento. Quando dois Espíritos se encontram e estabelecem uma comunicação entre eles, na verdade não importa se estão no mesmo plano espiritual ou não, encarnados ou desencarnados. Depende de cada um o que faz dessa tênue liberdade. O que se discute e requer nosso estudo no momento é a diferença entre a mediunidade natural e a mediunidade de tarefa. Esse empréstimo mediúnico, o homem tem dificuldade de entender, educar-se no exercício dessa aptidão e realmente tornar esse bendito instrumento proveitoso.

— A mediunidade natural é uma conquista, sem obrigatoriedade de realizar uma tarefa?

— Somente se exige a tarefa de alguém que ainda não está habituado a servir com naturalidade.

— Luísa é médium natural, não é mesmo?

— Sim, ela percebe com suavidade as orientações dos Espíritos e faz uso com naturalidade, amando e servindo onde quer que esteja.

— Luísa foi recrutada para essa tarefa benéfica por meio da medição vibratória?

— Sim, mas neste caso um teor vibratório elevado, que difere do atual padrão das meninas, para que pudesse socorrer a assistida. Observe que primeiro nós viabilizamos, com facilidade, para que os semelhantes se atraiam, numa permuta de cooperação e entendimento. Ao depararmos com os impedimentos, já se torna mais difícil buscar alguém com predisposição em ajudar sem qualquer afinidade, somente visando contribuir na causa do bem.

— A tia gosta tanto das meninas e as meninas gostam dela. Não há afinidade?

— Não há ainda. O ser humano parece-nos imprevisível. A maturidade espiritual que vai adquirindo na experiência terrena modifica-lhe o teor vibratório. Com o tempo, pessoas de diferentes interesses podem um dia começar a trabalhar íntimos ideais que vão materializando e atraindo outras pessoas para aquela nova experiência.

— Pareceu-me o contrário.

— Luísa busca encontrar uma afinidade com as sobrinhas, mas ainda não conseguiu. Presenteou-as com livros que elas não tiveram o trabalho de ler. Junto ao convite para apreciar uma boa música sempre há disposição de ensiná-las a tocar um instrumento, sem qualquer despesa para os pais, ao que elas nunca manifestaram qualquer interesse. Luísa falou-lhes sobre a importância da prece e orou junto a elas em alguma oportunidade, o que não faz mais, pois se sentiu alvo de brincadeira.

Benedito ficou pensativo, agora compreendia a utilidade do aparelho medidor de vibrações espirituais, pois as aparências enganam, isso porque o homem está sempre numa luta íntima entre o que é e o que ele quer ser. E ainda com relação aos outros, há uma luta para aceitar as pessoas como elas são e não sofrer porque elas não são como gostaríamos que fossem.

Sentiu que a natureza humana avança na sua evolução de maneira lenta. O melhor que temos a fazer é procurar nossa felicidade através do conhecimento e de nossas ações no Bem. Não adianta somente aprender a servir, mas como servir. Até para fazer o Bem ao próximo é preciso aprender como fazê-lo. Sem a humildade e boa vontade em querer ser útil, para servir melhor, podemos estar sendo instrumento de interferência no Bem, dificultando a marcha evolutiva do próximo.

Naquela noite, Benedito colocou-se em prece favorecendo a possibilidade de falar com Luísa. Agradecido pelos bens espirituais que recebia, em seguida resolveu estudar um pouco, uma vez que ele não precisava dormir muito, como é necessário aos encarnados.

Luísa, quando se recolhia em seu quarto, gostava de ler um pouco já na cama antes de dormir: à sua cabeceira não faltava um bom livro. Quando as pálpebras pesavam de sono, ela fechava o livro e os olhos, sentada no leito orava, abrindo seu coração a Deus em agradecimento, fazendo uma breve retrospecção de seu dia. Quase dormindo, ainda projetava seu empenho nas realizações do dia seguinte e, por fim, buscava uma noite de tranquilidade espiritual e revigoramento de suas energias vitais para sua saúde.

Quando colocou sua cabeça no travesseiro, naquela noite mal teve tempo de ajeitar-se confortavelmente, pois já sentia um tênue afago de carinho no seu rosto. Luísa, abrindo os olhos espirituais, viu seu mentor ao lado, sentou-se e ergueu-se de pé com leveza para o abraço amigo. Ambos olharam para a cama, onde o corpo de Luísa repousava tranquilamente. De mãos dadas saíram. Chegaram ao Educandário dos Girassóis. Gentilmente foram recepcionados por outros Espíritos e conduzidos até o quarto onde Benedito estava instalado.

Ao ouvir um leve sinal, Benedito foi atender à porta. Deparou com Luísa e um companheiro alto de olhos brilhantes. Ficou sem palavras.

— Boa noite, irmão, trago-lhe Luísa para que vocês conversem um pouco, certamente terão muito o que dizer; voltarei mais tarde para conduzi-la de volta ao corpo.

— Obrigado, muito obrigado. Entre!

Luísa sorriu e entrou. Acenou com carinho ao seu mentor, confiante de que ele propunha um diálogo proveitoso com aquele Espírito. Benedito percebeu logo que ela não o reconhecia e parecia estar acostumada a fazer visitas.

— Querida irmã, você já conhecia o Educandário dos Girassóis?

— Sim, já. Tenho uma pessoa querida aqui. Trata-se de Manuel, que agora se prepara para reencarnar brevemente e ser meu filho.

— Conversa frequentemente com ele?

— Frequentemente não, mas sempre que é permitido temos muito o que conversar, para que eu possa compreendê-lo e cooperar sempre que possível na realização de seus projetos.

— Como essas visitas e trocas de ideias podem auxiliá-los?

— Acompanho suas mudanças, seu esforço para melhoria de si mesmo. Fico sabendo de suas metas para o futuro, vou também me familiarizando com tudo que se apresentará ainda como novo para mim. Enquanto ele se prepara para reencarnar, preparo-me para ser mãe, ou seja, para cooperar e não interferir no seu livre-arbítrio.

— Estou muito feliz de ouvi-la!

— Agora me fale de você.

— Gosto muito de Manuel.

— Você o conhece!

— Conheço-o agora muito mais do que quando tivemos uma experiência terrena juntos. Posso dizer que convivi com ele conhecendo-lhe os exemplos e agora passo a conhecer suas ideias.

— Ótimo! Os exemplos são inesquecíveis, você não acha?

— Ele sempre foi amoroso, compreensivo e justo para comigo, embora tenhamos tido uma relação curta, porque muito cedo, moleque ainda, saí de casa, para viver minha própria vida.

Luísa percebeu junto às suas palavras as formas de seus pensamentos e reviu no quadro de suas lembranças passadas seu filho querido. Inesperadamente, ele sentiu a mão dela junto ao seu peito e, num suspiro de saudade e alegria, ela exclamou:

— Benedito!

— Mamãe!

Quanto tempo eles ficaram abraçados, não podemos precisar, porque psiquicamente viajaram para ter outra vez os mesmos sentimentos daqueles tempos idos. Depois experimentaram os sentimentos desenvolvidos durante o distanciamento e ainda depois o reconhecimento diante de Deus de que o amor em seus corações era imorredouro. Retornaram para a realidade desse abraço e tiveram a certeza de que são capazes de amar agora muito mais que antes, à medida que se elevam espiritualmente se libertam dos impedimentos, para soltar esse amor agora incondicional, fácil, natural, ilimitado.

Podemos imaginar como o diálogo agora fluía entre esses Espíritos afins. Ambos contaram suas trajetórias de aprendizado com as lições da vida, ficavam ainda embevecidos com as leis divinas que expressam a soberania e justiça de Deus. Depois falaram do futuro e Benedito expôs sua vontade de seguir o mesmo roteiro de Manuel, realizando uma tarefa de amor ao próximo à medida que se conscientizasse, na vida terrena, do quanto tem aprendido agora na Espiritualidade.

Benedito precisava certificar-se de que encontraria possibilidade de reencarne junto ao seu peito, aos seus braços, ao seu lar. Com expectativa, em dado momento com o coração apertado, perguntou:

— Mãezinha, seria possível você receber-me mais uma vez como filho?

Como primeira resposta ele obteve um sorriso, um abraço comovido cheio de esperanças. Depois, com discernimento ela retrucou:

— Meu querido, tudo farei para tê-lo ao meu lado, porém dependemos, em parte, do meu companheiro de jornada. Vamos orar e vibrar a favor da nossa união e do nosso progresso juntos!

— Compreendo, vamos orar!

Aquele colóquio de amor foi interrompido com a chegada de seu mentor, que prestativo a reconduziu ao corpo. Ela prometeu revê-lo oportunamente.

Benedito ficou só e muitíssimo feliz. Era a primeira vez que recebia uma visita especialmente para ele. Demorou, mas encontrou alguém que o amava incondicionalmente. Ele poderia esperar tudo desse amor, porque quem ama assim faz simplesmente o máximo pela pessoa amada. Sentia-se feliz como nunca conseguiu se sentir.

em que sintonia mental eu estou?

Capítulo 16

Nos minutos que antecediam mais uma reunião com o grupo de pesquisa mediúnica, Benedito sabia que o tema poderia ser diferente, precisava rever o que aprendeu até o momento, para não reter dúvidas.

Ele refletia para aprender.

Ficou impressionado com a capacidade de a criatura estagnar-se numa situação de desconforto espiritual e até dor, pressionada pelo teor vibratório, denso e escuro, em que a criatura se envolve e que a derruba, sem uma chama de ânimo, de esperança e de fé. E verificava como que uma pessoinha, quase que instantaneamente, é capaz de reverter o quadro vibratório do ambiente e das pessoas envolvidas, trazendo a paz ao seu redor, fazendo um carinho que atende às necessidades de quem ela quer servir sem exigências, condições ou julgamentos.

Analisando o caso, ele tentava se colocar no lugar da assistida. Bem poderia ficar exposto a esse risco quando reencarnasse. Se não fosse socorrido por alguém, certamente fugiria daquele ambiente. Mas, pensou, o ser humano em fuga já está em desequilíbrio, nem sempre foge para a salvação e sim para a complicação. Ficou matutando. Como uma criatura sensível poderia se desvencilhar de energias nocivas?

Mais uma vez Délio, solícito, esclareceu:

— Ela fugia!

— Quem, a jovem?

— Sim, a jovenzinha em questão fugia ao leito e no leito estabelecia uma sintonia mental múltipla, de uma carga deletéria tão pesada quanto a daquela criatura que sai de casa e se entorpece nos vícios de toda sorte.

— Não compreendo!

— A jovem teve uma contrariedade. Poderia se desvencilhar das querelas domésticas e entender melhor, colocando-se numa atitude positiva. Com essa atitude compreenderia a reação dos pais como proteção e até um amargo mas ainda carinho. Encorajada pelos próprios pensamentos poderia não precisar da intervenção espiritual da tia.

— Então o problema dela é a fuga ao leito por causa de uma contrariedade?

— A raiz do problema, Benedito, está na mente desocupada, sem fazer nada, que tem mais tempo para fermentar qualquer negatividade.

— É mesmo, o trabalho já me demonstrou ser uma terapia para todos os problemas do ser – afirmou Benedito, convicto.

— Ela vai descobrir isso.

— Como?

— Sofrendo e aprendendo!

— Ai, meu Deus!

— Dependendo do seu íntimo estado vibratório, você amealha magneticamente, e este é o termo exato, outras vibrações de igual teor, conforme a conexão mental que faz, ao que chamamos de sintonia mental. Sua mente em desalinho se conecta com este, esse, aquele e mais aquele teor vibratório de outras pessoas, a princípio com uma contrariedade parecida com a sua. Na mesma frequência sofrível seus pensamentos vão se aprofundando de uma pessoa para outra, depois para outra e mais outra, encarnado e desencarnado, o que forma uma carga muito grande mentalmente. Quando Jesus disse "Orai e vigiai", o sentido serve para os olhos, a boca e principalmente para a mente. Você precisa perguntar-se a toda hora: Em que sintonia mental eu estou?

— Coitadinha! – suspirou Benedito, compadecido.

— Já uma pessoa com o pensamento otimista, cheio de esperanças, com disposição aos bons empreendimentos materiais e espirituais, que não se detém no sofrimento do outro mas sim investiga como pode ajudar sem se envolver no teor vibratório infeliz, sem perder sua vigilância, ela entra em sintonia conosco, Benedito, que estamos sempre dispostos a ajudar com sugestões para bem servir.

— A jovenzinha foi ajudada com uma mudança de sintonia dos pensamentos!

— Sim, desta vez foi. À medida que antes ela pensava, formavam-se na sua aura, quase que se materializando, as imagens do seu pensamento. Essas formas moviam-se ao seu redor, sufocando suas energias vitais, dificultando-a a obter lucidez espiritual. Você viu como o mentor dela mal conseguiu soprar uma ideia? E quando o fez ela começou a erguer-se espiritualmente do tédio em que se encontrava?

— Desculpe tomar o seu tempo. Será que muitos casos de doenças do corpo físico têm ligação com essa postura mental, ou seja, com a qualidade de sintonia mental?

— Não há doenças, e sim doentes. O Espírito adoece primeiro, depois reflete no corpo. Doenças físicas, e mentais são estados espirituais enfermiços, agitados, como a agressividade, a cólera, a crueldade, ou mórbidos como o comodismo, a depressão, o suicídio.

— Então a ciência ministra drogas como auxílio de emergência, que suavizam as aflições, mas que não curam?

— A ciência socorre os irmãos em sofrimento, verdadeira bênção de alívio para suas dores. A dor no corpo desperta o Espírito para a mudança de sintonia mental, e, se ele muda o pensamento para melhor, cura-se. O corpo doente precisa de medicamentos, a alma doente precisa de sintonia mental saudável.

— Pode o doente dispensar o médico e curar-se somente requalificando seus pensamentos?

— Se o corpo não foi ainda atingido, ele pode; se já foi atingido, ele precisa também de cuidados médicos.

Os companheiros já estavam todos presentes, partiríamos para novas observações no ambiente terreno. O coordenador explicou-nos que iríamos deter nossa atenção ao mesmo tempo em duas assistidas, cada qual em lares distintos, assim aproveitaríamos mais o tempo e muito poderíamos aprender.

Chegamos ao lar de Martha bem cedinho. Ela dormia, hoje estava de folga do trabalho. Contava 25 anos. Fomos recepcionados pelo seu mentor e pelo avô desencarnado que muito a amava, que recebeu permissão de estar presente para ajudá-la com seu carinho. Para surpresa de Benedito, uma Equipe de Auxílio também estava presente.

Ficaram em silêncio observando o diálogo entre o mentor e o coordenador do grupo.

—Tudo fiz para que ela não tivesse que passar pelo desfecho que a aguarda – afirmou o mentor de Martha.

— Deus é amor, o que parece um mal poderá ser em breve um grande bem.

— Confio que, apesar do distanciamento que ela ainda se encontra de compreender melhor a vontade de Deus, há uma predisposição de humildade que Martha disfarça, considerando-a como um sentimento de fraqueza.

— Com humildade o Espírito fica lúcido em qualquer situação.

— Ela estava indo no caminho certo, mas pegou um desvio difícil de sair.

— Vai voltar ao caminho reto pelas suas mãos.

— Poderia ter ouvido meus conselhos, porém não há mais sintonia comigo, pois ela frequenta festinhas e barzinhos com os amigos e entorpece sua sensibilidade com alguns drinques. Vai dormir num estado de perdas energéticas que ela não percebe ainda, o Espírito fica grudado ao corpo e não podemos nos falar.

— Chegou a hora do chamamento, para que ela desperte da vida terrena para a vida espiritual – disse o coordenador, seguro do que estava para acontecer.

— Mas, a equipe que nos acompanha nessa sua reencarnação assegurou-me que ela não vai desencarnar agora! – seu mentor exclamou.

— Não, não vai. Ela precisa ficar do lado de cá mais tempo, certamente entrará em coma, contudo é o que de melhor pode ser feito em seu favor.

— Ela é muito severa e exigente consigo mesma. É uma boa filha, uma boa estudante, uma boa funcionária.

Ficaram todos calados. Observaram quando ela se levantou sem saber o que fazer no seu dia de folga. Tinha o hábito de trabalhar muito. Queria cuidar um pouco do apartamento e não tinha disposição física para isso. Pensou em telefonar para algumas pessoas, porém não queria incomodá-las. Sentia-se sem metas, sem gosto pela vida.

O telefone tocou; era um amigo que a convidava para ir ao parque do Ibirapuera, na capital de São Paulo. Passar o dia, fazer um exercício físico, um lanche juntos, conversar um pouco. Ela aceitou e, quando entrou no carro dele, já estava uma outra pessoa, bem arrumada, alegre.

O rapaz queria conhecê-la melhor, era boa oportunidade para isso. Sabendo que também era observado, quis mostrar-se arrojado no trânsito, destemido na velocidade. O som da música espantava qualquer chance de harmonização e a presença espiritual de irmãos desencarnados que se comprazem em sugerir o mal era grande.

Aconteceu o imprevisto: um acidente em que o carro desgovernou-se, saindo da avenida e batendo numa árvore. Ele saiu ileso, ela com ferimentos e fraturas foi levada para o hospital.

A Equipe de Auxílio vibrava em oração para o fortalecimento e equilíbrio espiritual da assistida. Os desencarnados, também corresponsáveis pelo prejuízo causado, reviam a extensão de suas irresponsabilidades e alguns aceitaram o auxílio espiritual oferecido. Ela recebeu todos os cuidados médicos necessários. Agora dormia. E mesmo dormindo a irmã sentia muita dor e espiritualmente gemia, assim dizendo:

— Meu Deus, socorre-me, por favor. Sinto Sua força, Seu amor a me chamar. O que o Senhor quer que eu faça? Preciso mudar, crescer, fazer tudo o que prometi, não é mesmo? E agora, parece que perdi a chance, acho que já morri... Que pena!

Benedito ficou espantado com a lucidez espiritual da jovem. Bastou o abalo do acidente para que ela se voltasse a Deus, agora se sentindo um Espírito que vive até mesmo supondo ter morrido na vida terrena. Ela percebia que havia feito um projeto antes de reencarnar e não estava conseguindo cumprir o que prometera a si mesma. Perguntava o que fazer para conseguir, pois parecia não lembrar de todos os compromissos assumidos na vida espiritual.

Enquanto isso, a família da assistida comparecia ao hospital ainda surpresa com a notícia do acidente. Os pensamentos dos familiares eram dispersados pelos trabalhadores espirituais que servem nas equipes espirituais do hospital mesmo para higienizar o ambiente, porque a carga de pensamentos pessimistas muito prejudica a recuperação dos doentes.

Enquanto os familiares observam somente o corpo, o ferimento, a doença, não se conscientizam sobre o estado espiritual do doente. A própria dor move o interesse do doente para a prioridade de sua cura espiritual.

Em prece vibraram comovidos para que a irmã conseguisse superar aquela dificuldade grave, pois ver o estado do corpo causava dó.

A exemplo do coordenador, todos se despediram com o compromisso de ali voltar outra vez.

Lá fora, quebraram o silêncio, ávidos por esclarecimentos. Benedito, o neófito, perguntou ao coordenador Délio:

— Compreendo que Martha tem uma sensibilidade e uma lucidez espiritual melhor do que muitos que chegam ao Lar São Germano. E por que ela se desvia do caminho?

— A sensibilidade da alma tanto se desenvolve para o bem como para o mal. Quando se percebe o mal, mas se acomoda, a criatura fica envolvida e perde temporariamente o discernimento espiritual.

— Ela pode perceber a espiritualidade?

— Sim, de algum modo ela percebe a companhia dos Espíritos desocupados, brincalhões, maliciosos, perversos, como também dos amigos, familiares, mentores, benfeitores e instrutores.

— Ela não poderia ter um chamamento espiritual sem dor?

— Teve na infância, quando sua mãe pedia auxílio a uma benzedeira que aliviava crianças doentes, que os médicos não conseguiam curar. Dificuldade de dormir ou pesadelos, mau humor, coceiras, quedas com entorses e luxações, medos infundados, choro intermitente e outros transtornos espirituais são dispersos com doação de amor e confiança em Deus. A benzedeira de outros tempos nada mais era que uma médium, consciente de sua tarefa espiritual, mesmo sem ter qualquer conhecimento teórico, porque intuitivamente vai recebendo as orientações espirituais do seu mentor.

— Talvez não tenha sido suficiente!

— Na adolescência ela foi levada para uma Casa Espírita para receber assistência espiritual, quando sofria desmaios sem causa física. O próprio médico, após receitar vitaminas e exercícios físicos, recomendou que a levassem a uma terapia espiritual. Uma longa série de passes restituiu-lhe o equilíbrio espiritual, adiando o desabrochar mediúnico.

— E depois, houve maior chamamento?

— Sim, ela teve um namorado que se declarou médium de tarefa para que ela o compreendesse melhor, na sua sensibilidade e nos compromissos assumidos. No entanto, ela não fez questão nenhuma de conhecer o que ele estava falando. De fato respeitava-lhe a crença, mas queria alguém mais livre para dedicar maior tempo a ela.

— Que pena!

— Ela é muito inteligente e gosta de ler. Seu mentor já colocou várias vezes em suas mãos leitura oportuna para esclarecimentos e o chamamento devido, mas ela rejeitava naturalmente, escolhendo um outro livro que a interessasse no momento.

— O mentor também fica em apuros! – sorriu Benedito.

— Como fica, ele deseja que sua pupila aprenda com amor e não com a dor.

— Então ficou resolvido que seria melhor esse acidente?

— Saiba que foi ela mesma quem pediu um choque físico e espiritual para ouvir o chamamento, caso ficasse absorvida pela atmosfera terrena, sem o cumprimento de seus ideais para sua ascensão espiritual.

— Ela mesma quis esse acidente?

— Ela não formou a ideia do acidente, e sim a ideia do choque necessário para o seu despertamento espiritual.

— O acidente foi viável para o momento!

— O rapaz foi como um instrumento que executa o planejamento espiritual, mas ao mesmo tempo recebe advertência amorosa do Alto para a moderação de seus excessos. Para Martha, o dia, a hora, foi muito importante, o seu momento espiritual era agora, para que ela sentisse que o acontecimento era o verdadeiro dedo de Deus movendo, agindo, trabalhando em seu favor.

Silenciamos ao chegar em outra residência de encarnados. Ficamos atentos sobre aquele caso.

Era o lar de Dona Aparecida, casada, com três filhos adultos. Ela trabalhava numa Casa Espírita em algumas atividades e também como médium. Veio de um berço espírita e, na juventude, logo quis saber se era médium ou não. No seu íntimo queria ter a certeza de que não era necessário empenhar-se no labor mediúnico, para melhor aproveitar a vida. Todavia, com o tempo foi confirmando para si mesma que ela era muito sensível, influenciável e deixava-se abater com pouco, porque trazia como ressonância do passado uma culpa, um medo, não sabendo identificar a causa. Seguiu todas as orientações dos pais, dos bons amigos, dos instrutores espirituais dos dois lados da vida.

Seu marido a apoia e a auxilia até mesmo no serviço doméstico para que ela não deixe de preencher seus compromissos espirituais. No entanto, nada o faz acompanhá-la e também usufruir a mesma harmonia e bem-estar que tanto bem lhe faz.

O pessimismo dele é ostensivo, critica tudo e desanima qualquer cristão ao seu lado, que logo perde a disposição, o sonho, e se acomoda concordando que esse mundo está perdido. O ideal para ele seria um outro lugar para morar, para trabalhar e fugir de tudo o que é ruim por perto. Mas, ir para onde?

Assim, toda semana o marido de Dona Aparecida fazia planos de mudar-se da cidade. Depois de alguns prós e contras acabava ficando com a família ali por enquanto, até que na semana seguinte fazia planos de mudança para um outro lugar.

O sofrimento de Dona Aparecida é o risco constante de distanciar-se dos amigos fraternos, do bem-querer da comunidade, não ter mais a confiança dos companheiros de tarefas. Havia se acostumado com aquele grupo, abrindo seu coração e suas ideias sempre voltadas ao bem. Ela não podia fazer planos para o futuro e nem mesmo as companheiras contarem com ela em outras atividades. Mudar-se seria um tédio, começar tudo de novo, e a incerteza de encontrar um clima espiritual como aquele.

Ela, tendo o hábito salutar da prece, entrava em sintonia com o seu mentor e trocavam ideias mentalmente, durante a vigília ou sono. Renovando suas energias junto ao bom amigo, Dona Aparecida, fortalecida, desvencilhava-se de tais preocupações e continuava animada na sua luta terrena.

Depois de observá-la no lar, sua dedicação como servidora do Cristo, o coordenador disse:

— A irmã tem um potencial que ela mesma desconhece, porque seria capaz de dedicar toda sua vida à causa fraterna de esclarecimento e serviço de amor. No entanto, mantém-se como fiel servidora, deixando de lado seu olhar renovador e altruísta como todo discípulo do Mestre.

— Qual a diferença entre um servidor e um discípulo do Mestre Jesus?

— O servidor traz mãos amorosas que beneficiam e cooperam com a causa empreendida, que se mantém graças a esses irmãos abençoados pelo Pai. O discípulo é aquele que está constantemente estudando, confia em seus irmãos como servidores, acredita no ser humano como centelha divina, que traz o amor latente talvez ainda não manifestado. O discípulo tem a impetuosidade no bem, maior responsabilidade mas com simplicidade, servindo mais do que todos para exemplificar e coordenar um trabalho que, mesmo se repetindo à maneira de outra beneficência, será sempre um serviço de amor novo, porque tem o perfil do discípulo.

— Ela poderia ser um discípulo?

— Poderia, mas tem o seu livre-arbítrio para escolher na hora certa.

— Qual seria exatamente o nosso auxílio?

— Nosso grupo é de pesquisa e estudo da mediunidade, não é uma equipe de auxílio. Estamos estudando a capacidade mediúnica das pessoas e, não isoladamente, temos que ver as condições físicas, espirituais, a vibração no lar, os companheiros. Eventualmente podemos dar uma mãozinha para a Equipe de Auxílio. No entanto, nossa maior força é vibratória para que o médium sinta os recursos enviados. O nosso trabalho é dar a sustentação necessária para que Dona Aparecida utilize sua mediunidade no bem como um verdadeiro discípulo. A Equipe de Auxílio vai viabilizar a mudança de residência para outra cidade e assim assentar os ânimos nos sentimentos de paz, esperança e coragem com a aceitação da possibilidade de construir uma nova vida.

— E vão conseguir? – perguntou Benedito, curioso.

— O pensamento construtivo ajuda muitíssimo.

— E se ele continuar pessimista?

— Dona Aparecida não perderá o que já conquistou, e com certeza continuará servindo em outro grupo.

— O que se espera dela?

— Primeiro uma reforma interior mais profunda, com determinação, destemor e, ao mesmo tempo, construindo novas amizades.

— Não será difícil sua adaptação?

— Será difícil.

— Não seria um mal para ela e não um bem?

— O aprendizado é constante, Benedito, não deve parar. A irmã só tem a ganhar, nada a perder.

O coordenador expôs que Dona Aparecida fora do corpo, em desdobramento espiritual durante o sono, com o auxílio de benfeitores espirituais, fez a escolha de em qual cidade queria morar. A dificuldade no momento a ser contornada é encontrar recursos para o marido voltar as atenções àquela cidade, uma vez que Dona Aparecida nada se lembra ao acordar.

— Ela escolheu uma cidade em que já viveu em vidas passadas?

— Não, Benedito. Ela escolheu um lugar que conhece pouquíssimo, somente a passeio, mas o desejo de entrar em sintonia com duas amigas do passado, acrescido do desejo da família de viver no litoral, deu-lhe a certeza do que queria.

— E fora do corpo ela não lamenta deixar esse grupo?

— Também, não. O Espírito fora do corpo vê seu envolvimento terreno e compreende suas necessidades. Todavia, na expansão da sua consciência, espiritualmente se enche de alegria pela experiência nova que vai conferir suas qualidades adquiridas.

— Então o nosso trabalho será com o marido?

— Não, Benedito, ele não consegue apreender nossa ideia, porque seus interesses com a mudança não são os mesmos. Ela sente a possibilidade de melhor qualidade de vida junto à natureza abundante e o recolhimento sereno, que facilita ouvir a espiritualidade muito mais do que na cidade grande, cujo amontoado de pessoas representa estações mentais que interferem umas nas outras, dificultando uma comunicação espiritual clara. Ele observa as condições financeiras, uma vida mais simples, sem muitos gastos, distante de tanta injustiça, violência e outras atribulações.

— Irmão, o marido não está também certo?

— Ele pode estar olhando para o lado certo, porém nada está fazendo a respeito; sonha, e nada faz. Enquanto que ela constrói o que quer, sem devaneios nem contrariedades.

— Ambos não poderão atingir uma afinidade, com a mudança?

— Poderão, e é isso que esperamos.

O diálogo foi interrompido para observarem as entidades que se acercavam do marido, envolvendo-o no acentuado uso do tabaco a pretexto de acalmar-se e encontrar uma inspiração. Todavia, uma boa inspiração somente pode advir de Espíritos bons, enquanto que os desejosos de usufruir algum proveito do encarnado, sem se preocupar com os danos que causam a ele, não são o que podemos qualificar como bons Espíritos.

Depois de o coordenador esclarecer os males físicos que o irmão amealhou com o vício, embora ele ainda não admitisse qualquer desconforto físico, mostrou que a doença pulmonar estava para precipitar-se a qualquer momento. Conforme os recursos médicos atuais, sua vida seria cheia de medicamentos e repouso cortando suas ideias de mudança, talvez para sempre.

Enquanto isso, os assistentes foram ao encalço de facilitar o encontro de Dona Aparecida com uma das amigas do passado. Benedito foi convidado a participar do grupo, enquanto o coordenador permanecia no lar de Dona Aparecida participando do auxílio para que a precipitação da doença não fosse de maneira brusca.

Dois assistentes ofertaram as mãos amigas e conduziram Benedito, que foi volitando com o grupo. Benedito ficou extasiado com a exuberância da natureza, uma vez que, embora soubesse que o Educandário dos Girassóis estava sobre uma região litorânea, nunca pôde sair pelos arredores, pois quando o fazia era em excursões conduzidas por veículos de transporte apropriados.

Os assistentes adentraram um lar onde mãe e filha conversavam:

— Mamãe, tenho que comprar algumas coisas em São Paulo, mas estou sem tempo.

— Eu gostaria de ir com você no sábado, para visitar minha neta que trabalha e estuda, sendo possível vê-la no sábado ou domingo.

— Não posso, porque tenho preleção evangélica marcada para este sábado, talvez possamos ir no próximo.

— Filha, fique sossegada, eu posso ir sozinha e compro para você o que você quiser.

— Mamãe, eu acho perigoso você andar sozinha, nessa idade!

— Eu quero mesmo ir, porque minha neta vai levar-me a um núcleo espírita que ela está frequentando.

— Diga para ela buscar você na estação rodoviária; assim ficaria melhor.

O diálogo continuava, enquanto os assistentes esclareciam Benedito de que as vibrações eram dirigidas para que se conseguisse o seguinte: A neta frequentava o mesmo grupo espiritual de Dona Aparecida. Ela apresentaria sua avó aos companheiros, que com afabilidade envolveriam a senhora num clima fraterno e amigo. Gentilmente, a senhora ofereceria sua casa para uma eventual visita no litoral, o que Dona Aparecida agradeceria sem nenhuma intenção de aproveitar a oferta.

Ao fim da interferência espiritual de auxílio, os assistentes voltaram três dias depois para junto do coordenador, que observou:

— Ele já está com uma febre que não cede com analgésicos e antitérmicos domésticos. Dona Aparecida está preocupada, quer acompanhá-lo ao médico, mas está dividida com seus compromissos na Casa Espírita.

Depois de algumas observações do grupo, o coordenador dirigiu-se a Benedito:

— Irmão, você pode auxiliar. Vá até cada companheiro do grupo e fale da importância da família; que

Dona Aparecida precisa ser substituída na tarefa, porque o próximo mais próximo para o auxílio de amor está na própria família; que ela possa encontrar a compreensão dos amigos. Assim, Benedito, você vai intuir quem no grupo possa assimilar e transmitir a Dona Aparecida esses cuidados.

— Não posso transmitir diretamente para Dona Aparecida? – respondeu logo, Benedito.

— No momento, ela precisa de ajuda. E, não sabendo olhar mais para si do que para os outros, ela acharia que seu conselho é coisa de sua cabeça e não daria ouvido.

E assim Benedito fez essa experiência, que logo mostrou o efeito desejado quando uma companheira, ao sair de uma sala, observou o olhar de Dona Aparecida no corredor e disse:

— O que você tem, Aparecida?

— Nada, estou um pouco preocupada com meu marido.

—Venha cá, vamos conversar um pouco.

A irmã, prestativa e afável, ouviu Dona Aparecida, colocou-se em seu lugar e sentiu como aquele coraçãozinho estava apreensivo. Com autoridade moral e doçura, a amiga disse-lhe:

— Irmã querida, agora é a vez dele! Você não é insubstituível, nem poderia ser, porque precisamos não ter posse nem mesmo da tarefa redentora. A Espiritualidade está vendo tudo e sabe que você não vai deixar a tarefa porque quer, e sim porque é preciso. O amor tem de enxergar as prioridades, e seu marido é sua prioridade no momento. Vá sossegada, ficarei no seu lugar quanto tempo for necessário.

E com outras palavras mais, encerraram a conversa com um abraço, quando a Casa já estava vazia e os servidores já tinham ido embora. Dona Aparecida sentiu-se mais tranquila e disse para si mesma que de há muito precisava dedicar-se ao marido, e que embora estivessem juntos durante muitos anos, sem muitas afinidades, ele ainda era muito importante em sua vida.

Ele foi internado no hospital em área de isolamento e Dona Aparecida diariamente estava ao seu lado nos horários de visita. Atenta ao seu estado de saúde, abria-lhe o apetite sempre com algo preparado com carinho.

Uma semana depois, ela orava discretamente em silêncio a favor dele, já com a sustentação espiritual do grupo mediúnico, sentada na poltrona ao lado do leito, quando ele, mais amolecido pela doença, mostrou que sua mediunidade desabrochava e disse:

— Aparecida, você está hoje tão quieta, mas tenho certeza de que está rezando por mim.

— Você percebeu?

— Você está rezando porque acha que eu vou morrer?

–Não, meu querido, nós podemos falar com Deus a toda hora e o pensamento que mantenho é o de você aproveitar bem esse sofrimento, voltar a ter saúde, não só física como também espiritual.

— Estou cada vez pior.

— Não, você está melhor do que antes, porque já não está mais fumando e prejudicando seu corpo. Basta você aceitar a doença como corretivo, querer viver para aprender mais com a vida, agradecer todo o auxílio espiritual que recebe e sairá daqui uma outra pessoa.

— Não fumo mais porque não posso...

— Para aprender a não depender mais do que lhe prejudica. Veja como Deus é bom!

— Esse lugar é horrível, com tanta gente doente, meu Deus!

— Meu Deus, mesmo! Vamos falar com Deus, para que ele nos oriente sobre o melhor a fazer. Seu médico vai passar daqui a pouco e precisamos saber se é hora de você ir para casa ou não. Que Deus inspire ao médico o melhor para você.

— Cada médico tem o seu mentor espiritual e outros benfeitores na causa do bem. Ele pode ser inspirado a ouvir esses amigos espirituais, como também pode se deixar envolver pelos pensamentos negativos dos doentes. Precisamos orar pelo médico para que ele esteja em boa sintonia espiritual e nos oriente sobre o que seria melhor para você.

— Nunca pensei nisso!

— Vamos fazer uma prece agora – e Dona Aparecida segurou-lhe as mãos, fechou os olhos, decidida. Ele olhou para ela, para suas mãos unidas, e se emocionou, entregando-se de coração aberto e liberto para uma esperança.

Dona Aparecida estava captando energias para não se envolver no pessimismo dele, mas sim envolvê-lo com sua fé e determinação no bem. O coordenador sorriu, evidenciando que tudo estava correndo bem, conforme a sustentação do grupo. E com sinal típico convidou o grupo a se retirar.

Benedito foi mentalmente arrastado para fora, porque de fato queria permanecer com Dona Aparecida, para auxiliá-la nos melhores pensamentos. Lá fora, inquiriu:

— Se tudo estava indo tão bem, não podíamos continuar?

— Benedito, nós auxiliamos Dona Aparecida na assimilação de ideias novas, a fim de que ela encontrasse forças para se desvencilhar do mal. Feito isso, ela acrescenta seus conhecimentos e sua boa vontade. Não se esqueça de que seu mentor a protege e não deixará de, na mesma harmonia, dar sua contribuição, inspirando-a não só com palavras, mas também com um olhar, um gesto, uma lembrança, talvez.

Voltaram ao caso anterior em que Martha encontrava-se no hospital, inconsciente. O Espírito estava ao lado do corpo e não conseguia manifestar-se. O corpo não atendia seu parco esforço em animá-lo. Martha não concebia o melhor a fazer, caso retornasse à vida terrena e ficava assim sem determinação, humildemente aguardando a vontade de Deus.

Ela ouvia tudo o que comentavam a seu respeito, não reagia, mas às vezes uma lágrima derramava com dificuldade quando ouvia alguma palavra desalentadora, infeliz, de alguém que desconhece o trato com o ser humano não contando que ele é um Espírito, percebe e registra tudo, mesmo que muitas vezes os dados fiquem arquivados para serem utilizados mais tarde.

Ao seu lado estava Paulo, a presença mais agradável, que ficava quietinho mas lhe dava um bem-estar, uma esperança não sei de quê.

Com o passar dos dias, Martha foi buscando mentalmente a sintonia com Paulo para usufruir maior bem-estar e descobrir a eficácia da prece sincera que ele sempre fazia a seu favor. Quis orar com ele e sentiu a mágica presença de seu mentor espiritual, que a fez suspirar de saudade e alegria de reencontrá-lo durante o sono físico.

— Que saudade! Onde você esteve, estou sofrendo muito.

— Sempre estive ao seu lado, você que não me ouvia mais.

— Mas, você sempre foi a bússola que norteava minha vida, me aconselhava, me advertia, me mostrava o certo, o errado, para que eu escolhesse com discernimento tudo o que preciso.

— Uma escolha infeliz é um aprendizado.

— Fui invigilante; a pretexto de relaxar um pouco após uma semana de muita disciplina e empenho, comecei a tomar uns aperitivos alcoólicos com os amigos.

— E amealhou outras companhias espirituais, deixando-me de lado.

— Não tive consciência disso, fui me envolvendo e depois não conseguia mais me desvencilhar de todos eles.

— O nosso Pai permitiu-nos estar juntos, para a sua e minha evolução. Seu progresso espiritual, Martha, é minha felicidade e de todos que a amam.

— Quero progredir e sei que poderei contar contigo, mas não posso mais perdê-lo de vista.

— Minha menina, fortaleça nossa sintonia de amor; a oração é o instrumento ideal. Renove seus propósitos de vida. Tenha coragem, aproveite a bênção desta reencarnação em que você tem tudo para sair vitoriosa.

— Preciso estar ao lado de quem me ama, de quem quer o meu bem, que compreenda minhas dificuldades, para que eu possa realizar meus mais altos propósitos.

— Não encontrará uma pessoa assim, sem que você também saiba compreender e querer bem. Todos são almas endividadas, com dificuldades e um projeto a realizar, e todos carentes de amor.

— Tenho sido muito egoísta.

— Nunca é tarde para abrir o coração e nutrir sentimentos novos.

— Preciso aprender a lidar com a interferência de alguns Espíritos infelizes em minha vida, só agora percebo que estive atolada em suas emanações mentais.

— Você mesma escolhe a sintonia mental com que tem afinidade, minha menina.

— O álcool foi uma curiosidade, ou mesmo uma reincidência de vidas passadas que já não quero mais. Sei que o melhor para mim seria desvencilhar-me de tudo que me faz estacionar espiritualmente.

— Só depende de você escolher dar essa "guinada" na vida. Faça meia volta e retorne àquela vida em que você dizia: "Não acontece nada".

— Não acontecia nada porque eu tinha paz! Quero minha paz de volta, mas estou quebrada, sinto o corpo como um bagaço, sem o sumo da vida.

— Você não está sozinha, eu a conduzirei com cuidado ao corpo, menina, para você suportar a dor como bendito anjo de luz que a faz olhar para o lado certo e seguir contente em sua direção.

— Vou mudar, vou me amar mais e aprender a amar quem merece meu amor.

— Você tem muito amor para dar, Martha.

— Deus me ajude!

Martha abriu os olhos mansamente. Avistou ao seu lado Paulo que, após a oração, meditava com o olhar fixo na pequena paisagem que avistava pela janela. Martha pôde contemplá-lo e pensou como pôde não enxergar os sentimentos daquele rapaz. Só ele estava ali. Onde estavam os pretensos amigos? Que vontade de abraçá-lo e dizer-lhe que agora o vê com os olhos da alma.

O grupo vibrava para o retorno de Martha ao corpo, aliviando as dores de maneira intermitente, pois que a dor fazia parte de sua carga cármica, mas a cada trégua ela poderia melhor concatenar as ideias e reunir forças para suportá-la.

O diálogo com Paulo estava indo muito bem porque ele sabia confortar os doentes, dar uma palavra de fé e de esperança. Sabia ajudar, inspirado por sua mentora, que sempre estava presente quando o rapaz se dispunha a servir com amor. Suas mãos prestativas estavam em tudo para dar um jeitinho de solucionar todas as dificuldades também físicas, que eram muitas.

O grupo se retirava agora; conforme o olhar de Délio tudo estava correndo bem.

Lá fora, Benedito observou:

— A Equipe de Auxílio sugeriu a Paulo ajudar Martha?

–Quando ele soube do acidente, livremente decidiu vê-la e não mais a deixou sem seu dedicado auxílio.

— Ele a ama!

— Sim, muito. Lembre-se, Benedito, que só podemos influir para que alguém exercite o hábito de auxiliar o próximo. A piedade, a paciência, a indulgência, a ternura, a misericórdia são sentimentos que deverão ser experimentados, para que o homem se dirija ao caminho do amor. Não estamos aptos a fazer as criaturas se amarem, o sentimento do amor desenvolve-se naturalmente e qualquer influência imposta seria um atentado, um desrespeito aos sentimentos alheios.

— Ele é aquele ex-namorado que é médium de tarefa?

— Sim, e está conseguindo realizá-la conforme o esperado por todos, que aguardam sua vitória de redenção.

— Onde vamos agora?

— Para o apartamento de Martha.

Chegando ao apartamento, os pais de Martha, que por ora ocupavam o apartamento, estavam ausentes. O grupo foi recepcionado pelos mentores espirituais de Martha, da sua mãe e de seu pai.

Interessante reunião de desencarnados decidindo o melhor para Martha, que brevemente seria removida até a casa, para repouso e recuperação. Trocaram ideias, de que o melhor que poderiam conseguir no momento era que a mãe estivesse ao lado de sua filha, nessa fase, e que o pai retornasse à casa em outra cidade. A lição já estava sendo difícil para ela, a companhia da mãe seria uma oportunidade de se tornarem mais amigas, e Paulo encontraria nas duas mulheres uma predisposição espiritual favorável para que naquele apartamento se fizesse um clima espiritual mais elevado.

Algumas entidades escuras, que não tiveram acesso à Martha no hospital, agora a aguardavam para verificar a possibilidade ou não da continuidade do assédio espiritual.

a dor desperta o amor

Capítulo 17

O grupo de pesquisa mediúnica não se deteve somente nos lares que descrevo, onde por força das circunstâncias é necessário aguardar um tempo para que os envolvidos tenham nova assimilação de ideias e de sentimentos.

Depois de um mês, podemos avaliar não só o quadro das necessidades humanas nos casos de que tomamos conhecimento, assim como algum progresso.

Dona Aparecida estava em casa com o receituário nas mãos, pensativa sobre as recomendações médicas. Uma frase do doutor martelava-lhe o cérebro: "O ar de São Paulo está muito seco e poluído, para ele o ideal mesmo seria viver no litoral, com mais umidade no ar e principalmente junto à natureza".

Dona Aparecida sentou-se ao lado do marido e disse-lhe, olhando-o profundamente nos olhos:

— Só agora eu teria coragem e esperança para morar longe daqui, e tem de ser no litoral de São Paulo, para seu bem.

— Oh! Meu Deus, isso me dá força porque, no fundo de meu coração, eu nunca quis prejudicar você, Aparecida, que realmente trabalha para nossa felicidade, paz e amor – respondeu o marido, surpreso e muito sincero.

— Eu não sou insubstituível, poderei realizar um serviço de amor em qualquer lugar – ela afirmou convicta de suas possibilidades.

— Quando você afirma assim o que quer, tenho certeza de que conseguiremos. Entretanto não tenho mais a saúde que eu tinha, não vai ser fácil.

— Uma companheira de trabalho convidou-me certa vez para visitar a tia e a avó no litoral, quando eu quisesse "pegar uma praia". Agora vou aceitar o convite e, na oportunidade, procurar onde vamos morar. O que acha?

Mentalmente foram plasmando a futura realização de suas intenções com palavras sadias impregnadas de disposições físicas. Nesse momento o grupo espiritual vibrava sustentando para que nenhuma ideia negativa encontrasse brecha em seus pensamentos.

A irmã foi auxiliada a transferir o lar para uma cidade bem afastada. Dona Aparecida também foi informada sobre duas Casas Espíritas mais próximas, mas, por afinidade com Dona Maria e sua mãe, logo foi recebida pelo mesmo grupo fraterno das amigas e facilmente foi se adaptando ao padrão de assistência espiritual da Casa.

Enquanto isso Martha, fora de perigo, recebia esclarecimentos médicos. Ao menos por seis meses deveria ficar em repouso, com trocas de curativo, gesso e medicação. Na sequência as sessões de fisioterapia, que seriam longas, para só depois vir a ter uma vida normal.

Martha sentiu-se imensamente amada por sua mãe querida, que ficaria ao seu lado enquanto ela precisasse. Ao mesmo tempo, com Paulo formava-se um trio harmonioso, não lhe faltando a sustentação necessária para enfrentar corajosamente suas limitações.

Durante o repouso forçado, Paulo trouxe-lhe alguns livros espíritas para ler, já que ela se interessava agora em ouvi-lo e fazia perguntas que a leitura poderia esclarecer ainda melhor. Quando Martha se debruçava atenciosamente para a leitura edificante, seu avô querido, falecido há alguns anos, permanecia ao seu lado. E ela, com sua percepção mediúnica que aflorava lindamente, recebia elucidações do avô para facilitar seu entendimento.

Martha tinha a percepção mediúnica inerente a todo ser humano, mas agora que refletia no Bem, e não lhe faltava ajuda, tinha um perfeito diálogo intuitivo com seu avô querido. Quando um parágrafo lido não ficava de pronto bem claro para seu entendimento, ela relia aquele trecho em voz alta, verificando ao mesmo tempo se era assim mesmo o que ela compreendia, e a voz do avô era ouvida, confirmando ou esclarecendo-a melhor, fazendo uma colocação, uma interpretação que ela pudesse entender. A voz não era ouvida pelos ouvidos da carne, e sim no seu campo mental. E assim a leitura prosseguia.

Aqueles momentos eram preciosos, era Martha docilmente aceitando sua conversão crística. Às vezes, durante a leitura, ela fazia uma pausa para profunda reflexão, queria compreender melhor sua vida como Espírito em transição terrena para sua evolução.

Assim, começou a sua verdadeira iniciação aos conhecimentos espíritas, que foi aparando as arestas de tudo o que não condizia com o Bem em sua vida, em sua cabeça e em seu coração. Entre as leituras, foi exercitando a elevação espiritual por meio da prece, agora sentia seu mentor espiritual ao seu lado, estabelecia um diálogo telepático com ele, sentia-se muito feliz.

Os desencarnados permaneciam no lar, sem ação, não reconheciam mais a Martha espiritualmente indolente, frágil e simpática às suas sugestões. Na verdade alguns dormiam e outros usufruíam uma paz naqueles convidativos momentos de prece, poderiam ir embora, uma vez que ela não atendia mais às suas investidas. No entanto, também não queriam deixar aquele ambiente confortador, de surpresas, quando Paulo, Martha e sua mãe falavam longamente sobre a imortalidade dos Espíritos, dos planos espirituais de auxílio, da necessidade da reencarnação, do progresso espiritual na vida terrena, do nosso livre-arbítrio para o bem ou para o mal, revelando uma alta expressão de justiça de Deus por meio da lei de ação e reação, em que tudo o que fazemos causará um retorno na mesma proporção.

Naquele colóquio eram encarnados e desencarnados que trocavam ideias! Paulo mencionava exemplos para o bom entendimento, sanava dúvidas e libertava os irmãos de crenças supersticiosas, principalmente a deturpação de que Deus castiga; nós, em nossas consciências, é que nos castigamos. Deus é amor!

Paulo, naquelas horas, falava com paixão do Bem e pelo Bem. Sabia também que era ouvido por entidades espirituais que precisavam de esclarecimento e fartamente oferecia esse auxílio.

Enquanto isso, Dona Aparecida estava embevecida com o carinho que recebia, agora em favor do seu marido. Semanalmente ele era visitado pelos samaritanos, ou seja, a visita de irmãos de boa vontade, fé e esperança que traziam energias benéficas de sustentação espiritual com vibrações de amor para seu fortalecimento físico e espiritual.

Benedito viu, então, materializar-se no ambiente humano o mesmo empenho da Equipe de Auxílio na Espiritualidade. Enquanto os encarnados elevavam seu teor vibratório, comungavam-se com as vibrações dos benfeitores invisíveis numa perfeita sintonia de amor e energias de cura, renovando os mais íntimos propósitos de todos.

Benedito emocionou-se. E meditou: "Como poderia eu e Manuel nos arvorarmos em fazer o Bem, ainda tão difícil de realizar num mundo de almas tão endurecidas espiritualmente? Vejo só agora que o Bem só pode ser fortalecido contra as forças do mal dentro de um trabalho de equipe! Como não observei isso antes?". O coordenador Délio veio em seu auxílio:

— Na noite dos milênios passados, e ainda hoje, o Mal tem sido nutrido por nós mesmos e organizado também pelos semelhantes afins, grupos, bandos, gangues e equipes que usam até mesmo a nobreza da palavra família, no empreendimento organizado do crime. Do caos social erguem-se das cinzas homens valorosos, expressão da centelha divina imortal que somos. Muitos foram os que deixaram exemplos inesquecíveis, mas também a triste lembrança de seu sacrifício, como os mártires do cristianismo primitivo. Hoje, os irmãos amadurecidos espiritualmente na dor aprendem a fazer o Bem organizado. Não se esqueça, Benedito, que o Mal não cederá facilmente o campo ao Bem. Ele observa os bons propósitos, a ação redentora, os sentimentos mais bonitos, mas a qualquer invigilância, que abre uma brecha favorável, atua no assédio, conquistando muitas almas para a continuidade dos seus hábitos milenares.

— Participo na Espiritualidade do Bem organizado! É preciso na vida terrena fazer o mesmo.

— Onde houver o Bem, não faltará ajuda espiritual.

— Parece que estou achando uma luz no fim do túnel escuro da reencarnação. Gostaria de não esquecer isso.

— A oração é o instrumento eficiente que há de colocá-lo em sintonia com esses propósitos no Bem. Você pode esquecer com a reencarnação o material do aprendizado, mas o sentimento que alimenta seus ideais será imorredouro em seu íntimo.

— Sim, a oração, o trabalho de equipe norteiam minha vida para uma futura experiência terrena.

— Outras lições poderão ajudá-lo. Vamos ver melhor o grupo de samaritanos. São pessoas evangelizadas, ou que estão se evangelizando, que se comprometeram com mais essa atividade implantada na Casa Espírita. Tenha uma visão mais acurada para que você possa ver as horas que antecedem a esse trabalho.

— Ah, sim, vejo a Equipe Espiritual com preparativos que antecedem a reunião de samaritanos, que se harmonizam em prece antes de fazer a visita ao assistido. E cada samaritano chegou acompanhado de seu mentor espiritual individual.

— Observe mais, como os samaritanos podem tranquilamente chegar na Casa, ou como podem sofrer impedimentos.

— Benedito estava já exercitando sua sensibilidade favorável ao futuro labor mediúnico. Pode ver claramente que um dos samaritanos teve um contratempo antes de chegar ao serviço espiritual. Todavia, sua boa vontade e perseverança não permitiram que isso o impedisse de servir. Ele colocou em prioridade a tarefa espiritual, para só depois cuidar do problema; qualquer desavisado faria o contrário: emocionalmente descontrolado, deixar-se-ia envolver pelo imprevisto e logo se sentiria impossibilitado de servir ao próximo. No entanto, o contratempo foi uma artimanha das forças inferiores, tentando impedi-lo de servir, para testar a fragilidade do cristão.

— Essa é uma das muitas investidas que o médium, o servidor do Cristo, o discípulo precisa enfrentar. Perseverar no Bem diante de qualquer situação é mais um aprendizado valioso, Benedito.

— Meu Deus! Dá-me forças para perseverar sem esmorecer.

Seguiram para o lar de Martha, que agora passou a ficar alguns dias em casa sozinha. Já podia caminhar cuidadosamente na residência e tinha uma diarista para os serviços domésticos.

Disposta para que tudo em casa ficasse em ordem e limpo, observou que debaixo da pia da cozinha havia muitas garrafas de bebidas alcoólicas, cuidadosamente ali guardadas por sua mãe, querendo evitar a sugestão de algo tão prejudicial à sua saúde, principalmente agora quando se encontrava tão frágil fisicamente.

Martha percebia que sua vida estava aparentemente pior, porém na verdade ela se robustecia espiritualmente, disposta a evitar tudo o que já conhecia como um mal para si mesma. Sentiu que precisava testemunhar que estava aprendendo e sabia o que queria para sua vida. Uma curta frase intuitivamente martelava em sua cabeça: "É preciso dar uma guinada". Martha, não sem dificuldades, juntou suas forças espirituais com as de seu divino amigo, o mentor, que a aconselhava eliminar mesmo de sua vida tudo o que não condiz com o Bem, e pediu à diarista:

— Por favor, retire todas as bebidas alcoólicas daqui e, se houver mais alguma em outro lugar, jogue-as fora, no lixo.

— Hum! Há garrafas cheias que não foram nem abertas.

— Não importa, não quero nada mais disso aqui em casa.

E assim foi feito. Foi um momento dificílimo para Martha. Todavia, meia hora depois ela não mais se lembrava disso, evidenciando sua verdadeira libertação.

Os Espíritos desencarnados, que ainda perambulavam no lar, embora simpatizassem com as novas ideias que lhes eram apresentadas, embora algumas vezes fossem tocados em seus corações com um sentimento de tristeza pelo tempo perdido, ainda assim não estavam equilibrados espiritualmente para reconhecerem as causas de seu atraso e de sua infelicidade.

A determinação de Martha para se desvencilhar do vício, de maneira radical, cortando o mal pela raiz, alvoroçou o grupo de desencarnados, que se dividiu. Uns Espíritos estavam indignados com a atitude dela, decidindo procurar outra pessoa que lhes aceitasse a sugestão de manter-lhes o vício, enquanto que outros permaneceram ao seu lado, sentindo-se também encorajados a mudar de vida.

Paulo encaminhou Martha a um grupo para frequentar o curso básico da doutrina espírita, conhecer melhor os ensinamentos redentores do Mestre Jesus e principalmente dar continuidade a essa reforma íntima em que ela já estava empenhada, pois conhecer melhor a si mesma durante o curso a ajudaria ainda mais.

Martha inscreveu-se no curso e com ela invisivelmente também foram inscritos mais cinco Espíritos desencarnados.

Benedito observou em voz alta:

— Há um pequeno grupo de Espíritos sérios e esclarecidos que, juntamente com os serviços da Casa Espírita, incentivam os desencarnados que ali comparecem a se inscreverem para o curso. Haverá naquela Casa um curso somente para desencarnados?

— Sim, Benedito, porém encarnados e desencarnados estudarão juntos. Há um dirigente espiritual dos desencarnados que intui ao dirigente encarnado como conduzir as aulas, para que todos sejam atendidos segundo suas necessidades de esclarecimento.

— Martha também iniciou a terapia de fluidos, ou seja, os passes. E os desencarnados também recebem a mesma terapia?

— Eles recebem. Seria uma falta de caridade arrancá-los do convívio, da afinidade com Martha. Buscando auxílio para si, ao mesmo tempo ela busca auxílio para eles.

— Ela está fazendo então uma caridade!

— Claro!

— Em que essa terapia pode ajudar?

— As energias vitais de Martha foram sugadas pelos irmãos desencarnados. Haverá a compensação dessas energias perdidas, devolvendo-lhe a vitalidade, o ânimo e a alegria dos primeiros anos de sua juventude. Ainda, por acréscimo divino, aumentará a sua sintonia com seu mentor espiritual, que com júbilo estará não só protegendo-a, mas juntos ascendendo espiritualmente.

— E os desencarnados recebem algo diferente?

— O processo é quase o mesmo. Recebem energias magnéticas de maneira que não necessitem fazer o saque das energias de Martha. O entendimento ficará mais claro, os sentimentos mais sensíveis até que eles aceitem espontaneamente deixar Martha e irem cuidar tão somente de suas vidas, em outra dimensão.

— Se eles aceitarem ir embora, vão perder o curso na vida terrena, não é?

— Ora, Benedito, há muitos cursos na Espiritualidade, em um ou outro lugar, conforme a aptidão de cada um!

— É mesmo!

Dona Aparecida frequentava a Casa Espírita, agora com o marido; ele nem hesitou diante de tanto carinho e companheirismo dos irmãos espíritas. Passou a agir como se frequentasse a doutrina há muito tempo, sempre observando a disciplina, a boa vontade de todos e deixando bem clara sua disposição em auxiliar, mas sem aptidão ou preparo para tarefas de esclarecimentos, estudos e exercício mediúnico. Descobriu a importância dos pensamentos positivos, a força das palavras sadias, a necessidade de esforçar-se para não se esquecer disso, para não cair em tentação e mentalmente aceitar alguma ideia pessimista.

A Casa Espírita oferecia Assistência Espiritual, atendimento fraterno, preleção evangélica, passes. Faltava a implantação de cursos para os interessados aprenderem mais. Dona Aparecida fez essa observação, notando a necessidade de preparar futuros servidores e discípulos. A direção da Casa argumentava que os atuais servidores eram poucos, já estavam sobrecarregados com o serviço de assistência espiritual três vezes por semana e ainda não houvera uma pessoa competente que abraçasse essa atividade; já que Dona Aparecida tinha essa visão e capacidade, que ela seria muito bem-vinda se aceitasse implantar os estudos da Casa, como ela mesma sugeria primeiramente com um Curso Básico de Espiritismo.

Dona Aparecida sentiu-se arrojada, após ter aceitado a tarefa de esclarecimentos. Humildemente, buscava sintonia com o seu mentor, acreditando que não lhe faltaria auxílio espiritual para que ela pudesse realizar essa experiência. Muitos servidores e assistidos aceitaram fazer o curso.

Seu marido ficou surpreso e excitado em querer ajudá-la, pois achava que a tarefa era muito grande para Aparecida e não sabia se ela seria capaz de realizá-la a contento. Ele manteve-se ao seu lado. E quando ela se entregava de coração aberto aos irmãos, expondo a lição, clareando o entendimento de todos, citando exemplos, complementando os apontamentos com trechos notáveis dos livros que já lera, deixava todos embevecidos com essa luz que lhes dava uma fé raciocinada.

Dona Aparecida escolheu Maria, a amiga, como sua assistente para enriquecer as aulas com seus comentários e carinho pelos alunos. Seu marido ficou desapontado, mas em silêncio, e logo compreendeu que elas chegaram primeiro, obviamente sabiam mais e podiam dar mais de si. Permaneceu no grupo e foi considerado mais um aluno, naturalmente sem privilégios, porque todo privilégio seria uma injustiça.

Depois de uns meses, os aprendizes foram convidados à continuidade dos estudos com Dona Aparecida e a frequentarem o Curso de Aprendizes do Evangelho.

Após um ano, enquanto o curso continuava, os aprendizes sem vícios já podiam servir na Casa, nas tarefas externas, na organização, recepção, biblioteca, aliviando os servidores antes sobrecarregados.

Assim, Dona Aparecida percebeu a possibilidade de elaborar uma escala de tarefas, de maneira que cada pessoa faria um rodízio de serviços para conhecer melhor as atividades ali empreendidas, podendo um substituir o outro com facilidade. Assim, ninguém seria insubstituível, e ninguém correria o risco de envaidecer-se na posse de determinada tarefa.

Todos estavam radiantes de amor e de luz. Dona Aparecida se doava com todo empenho e dedicação, crescia espiritualmente, sintonizava-se bem com a Equipe Espiritual de Instrução.

O marido de Dona Aparecida completou o curso. Teve afinidade com as questões administrativas da Casa. Em sua percepção psíquica, desenvolvia mais a razão. Chegou a fazer parte da diretoria da Casa, como secretário, depois como tesoureiro, e mais tarde como um médium de sustentação para a orientação de Espíritos.

Os anos foram passando. Dona Aparecida abraçava os desafios, tinha conhecimento, vivência. Por que não aceitaria orientar, educar, já que não havia, até o momento, quem pudesse fazê-lo? Chegou a época de implantação do Curso de Educação Mediúnica, em seguida o de Aprimoramento Mediúnico do grupo, depois mais acurado aprimoramento individual, e assim ela seguia incansável, altruísta, por que não dizer, feliz.

Os anos também se passaram para Martha, que frequentou todos os cursos da Federação Espírita do Estado de São Paulo, na capital. O aprendizado foi longo. Durante o curso casou-se com Paulo, depois engravidou e ausentou-se do curso somente uma semana para dar à luz o seu filho. Martha tornou-se médium de tarefa e brilhante expositora dos ensinamentos do Cristo. Com as instruções dos Espíritos, desenvolvia bem os temas, fossem de caráter evangélico, filosófico ou científico. Naqueles momentos em que falava, era auxiliada espiritualmente ainda pelo seu avô e, conforme o tema, por demais mentores.

Como vimos, ninguém progride sozinho; em vez de queixar-se do companheiro, melhor será auxiliá-lo. Os casais que observamos são todos médiuns.

conclusão

Capítulo 18

Reencarnação é a reconstrução de um quadro familiar, o contato com pessoas e situações a partir de um trecho da novela de nossas vidas. Os papéis dos encarnados agora podem estar diferenciados, aquele que lhe fora o pai poderá apresentar-se como um irmão, alguns papéis se repetem, há muitas vezes uma inversão, quando os pais se tornam filhos e seus filhos, os pais.

Para Deus somos almas que desfilam na passarela terrena, sempre fazendo o melhor que podemos, sempre trazendo no inconsciente algumas lembranças que nos guiam a seguir o mesmo molde que nos fora exemplificado, assim como a rejeitar os moldes, profundamente marcados em nosso íntimo, de exemplos que não queremos seguir.

A área da mediunidade é extensa e ao mesmo tempo muito simples. Há uma diversidade de sensibilidade espiritual, de maneira que nunca um médium sente a mesma percepção que outro. Cada Espírito é uma individualidade, seja ele um Espírito comunicante ou um medianeiro da comunicação, por isso também não há intercâmbios mediúnicos iguais, diferindo o conteúdo de cada comunicação entre uma mensagem e outra.

A simplicidade no exercício mediúnico está na cultura do bom senso e do amor ao próximo. A criatura faz com naturalidade o que seus sentimentos lhe dizem. O código de conduta desses sentimentos está claramente no Evangelho de Jesus Cristo.

Se a criatura não recebe uma educação religiosa e tiver dificuldade de aceitar os ensinamentos d'Ele, não faltarão compêndios morais para iluminação de seu caminho, obras que o tempo não conseguiu apagar e que vão dar respaldo moral e espiritual.

O problema do ser não é a falta de material para o conhecimento, e sim um amontoado de interpretações diferentes, algumas errôneas, outras que vêm em auxílio de quem quer realmente aprender. Por isso o estudo deve ser uma constante, o médium deve estudar muito para conhecer os recursos divinos que atendem aos diferentes níveis do entendimento humano e, no futuro, vão desaguar no mesmo oceano das verdades eternas.

Podemos dizer que, primeiro, o futuro médium até mesmo fica sem percepção espiritual, para vivenciar o ambiente terreno, conhecer a sua realidade material. Quando chega a hora do chamamento ou eclosão da tarefa mediúnica, a sintonia com a espiritualidade não é instantânea. O conhecimento, o autoconhecimento, a oração e a reforma moral interior vão firmando suas potencialidades de intercâmbio com a Espiritualidade maior.

O esquecimento das vidas passadas é um recurso divino para nos auxiliar. Deus em sua misericórdia não nos permite que tenhamos constrangimento ao nos relacionarmos com um desafeto do passado. Dá-nos a possibilidade de construirmos uma vida nova, digna, embora junto daqueles com quem não fôramos dignos no passado, mas que, também aquinhoados pela misericórdia de Deus, não se lembram por ora, e assim juntos podemos nos renovar intimamente, realizando o melhor de nós mesmos.

Ainda é preciso o chamamento divino para a tarefa redentora, porque a mediunidade é um empréstimo, oferecendo ao Espírito imaturo uma sensibilidade, um sentimento que ele de fato ainda não conquistou naturalmente. A mediunidade abre uma fenda no coração endurecido e ele vai se transformando até que conquiste os valores que lhe são próprios.

O bom médium não se faz de uma reencarnação para outra. Há um leque de faculdades que precisam de estudo e aprimoramento. Os transtornos mediúnicos são muitos, porém sempre trazendo um aprendizado constante.

Quando o médium apresenta uma faculdade específica, esta não se fez em uma só vida terrena. O médium com aptidão para determinada tarefa traz uma bagagem de exercícios mediúnicos de vidas passadas e, embora uma faculdade seja mais trabalhada, uma manifestação mais ostensiva, o médium sempre deverá apresentar outras faculdades em aprimoramento.

Atualmente, a maioria dos Espíritos que anseiam evoluir, e que temem reincidir no erro, suplica, o empréstimo da mediunidade de tarefa redentora.

A ressonância de vidas passadas interfere na vida atual de algumas pessoas, porque temos o livre-arbítrio psíquico para levantar o véu que cobre o passado. A aflição profunda, o remorso, a mágoa que não foi perdoada, insistentemente convidam a criatura a ocupar-se mais do passado do que da vida presente. Por momentos, ela se esquece da possibilidade magnífica de construir uma vida nova, rica, moral e espiritualmente, e retorna a curtir um passado que não se modifica, porque já era.

Muitas são as criaturas que sofrem com essa infeliz ressonância de vidas passadas. É uma lembrança imprecisa, vaga, que teima contra a vontade de Deus. O fato de uma pessoa não gostar de outra, simplesmente de graça, já é um sinal de interferência do passado. Se essa criatura está à sua frente, não foi colocada ali por acaso. Deus concede a oportunidade de revê-la, agora reformada.

A criatura hoje, sem dúvida, é melhor do que ontem. Somos hoje melhores do que fomos no passado. Todos nós desejamos nos afastar do passado delituoso.

Só há dois caminhos na vida terrena: Aquele que sofre e aquele que faz sofrer. Às vezes, aquele que fez sofrer e se arrependeu adianta-se mais na sua reforma íntima do que aquele que sofreu e não perdoa. Vivenciar um passado que não voltará, curtir mágoas, tristezas, desafetos, mau humor em relação às pessoas evidencia atraso na caminhada evolutiva.

Benedito teve sua oportunidade reencarnatória tão preparada e esperada. Na primeira tentativa não obteve o sucesso que esperava. Luísa, sua mãezinha, sofreu um aborto natural.

Diante da Justiça divina, que no ditado popular "tarda, mas não falha", Benedito compreendeu que Deus não erra. Depois dessa parada obrigatória, retomou com maior força a vontade de reencarnar, não mais temeroso como estava, pois observou que o medo não constrói nada, pode até doer mais do que enfrentar a sabedoria e justiça de Deus. Feliz por sentir o peso do passado, agora muito mais leve, reencarnou-se como um menino bonito e robusto.

Benedito teve como irmão Manuel. Casou-se com aquela que fora sua amada Florinda. Tiveram duas filhas, uma a antiga amiga e benfeitora Dona Ana e a outra que fora mãe de Benedito em duas vidas consecutivas, no passado mais distante.

A finalidade deste livro é fazer um chamamento divino pelo amor pelo esclarecimento e evitar o doloroso chamamento pelos desvios da ignorância.

UMA OBRA DE **NELSON MORAES**

Autor: Nelson Moraes

Gênero: Espiritismo
14 x 21 cm | 128 páginas

Roqueiro famoso, surpreendido pela morte prematura causada pelo uso abusivo de álcool e de drogas, se vê diante de uma realidade que jamais imaginara.

Propagador da libertade incondicial, por estranha ironia, submetido à lei de causa e efeito, se viu preso à sepultura durante longo período. Mais tarde, livre dessa situação, percorreu os vales de sofrimentos até alcançar o equilíbrio.

Amparado pelos benfeitores, conheceu, no mundo espiritual, diversas situações em que se encontram Espíritos ainda apegados aos prazeres da Terra.

UMA OBRA DE **NELSON MORAES**

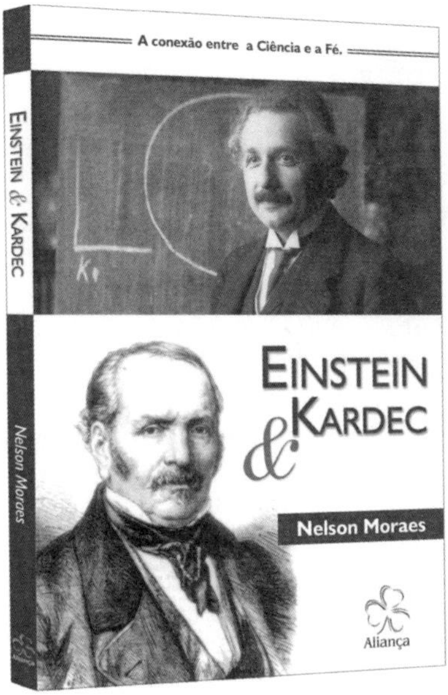

Autor: Nelson Moraes

14 x 21 cm | 160 páginas

"A conexão entre a Ciência e a Fé"

Allan Kardec foi o cientista da alma;
Albert Einstein deu a alma à ciência.

Essas duas admiráveis personalidades trabalharam animadas pelo mesmo espírito em épocas diferentes almejando o mesmo objetivo: contribuir para desenvolver nos corações humanos uma religiosidade genuína fundamentada em um conhecimento científico mais amplo e mais profundo da natureza humana.

Nelson Moraes

UMA OBRA DE **NELSON MORAES**

Autor: Nelson Moraes

Gênero: Espiritismo
14 x 21 cm | 128 páginas

Perdoa-me, se na minha ignorância feri você. Talvez eu tenha sido um crítico muito severo, detendo-me apenas nas observações dos seus erros e falhas, esquecendo das enormes qualidades que você possui.

Tive olhos para ver o argueiro em você, sem perceber a trave empanando-me a visão. Reconheço em mim algumas das fraquezas que encontrei em você, portanto, jamais poderia ter atirado a primeira pedra.

Compreendo, agora, que todos estamos matriculados na escola da vida, na condição de eternos aprendizes e que somos passíveis de erros e falhas, por isso mesmo lhe preço, perdoa-me.

UMA OBRA DE **SAARA NOUSIAINEN**

Autor: Saara Nousiainen

Gênero: Espiritismo
14 x 21 cm | 256 páginas

Nesta obra, Saara Nousiainen, de forma simples, direta e elucidativa, aborda diversos temas relacionados à Doutrina Espírita, utilizando o método de perguntas e respostas.

Nela, o leitor tirará suas dúvidas sobre questões como: reencarnação, leis divinas, obsessão, mediunidade, expiação, conflitos familiares, etc., e o inevitável intercâmbio entre os mundos material e espiritual.

UMA OBRA DE **SAARA NOUSIAINEN**

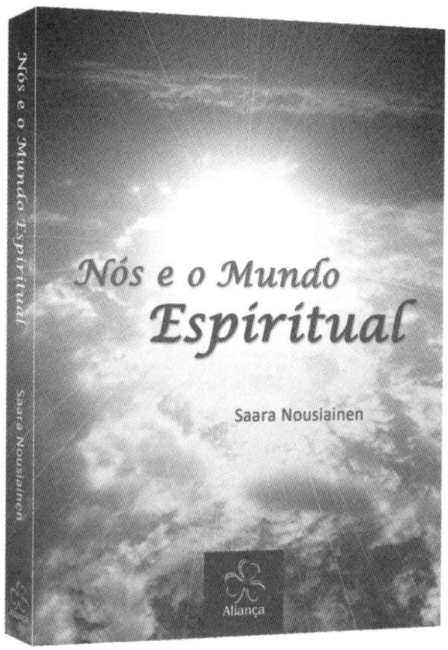

Autor: Saara Nousiainen

Gênero: Espiritismo
11 x 15 cm | 208 páginas

Tudo sobre o mundo espiritual e seu inter-relacionamento conosco, nos milenares processos evolutivos do ser humano e da vida.

- Para onde vamos depois da morte.
- As leis cósmicas.
- Obsessão.
- Mediunidade.
- A reencarnação.
- O mundo espiritual.
- O que são espíritos sofredores.

Os ensinamentos de Jesus sob nova ótica e muitas outras questões.

UMA OBRA DE **ROBERTO DE CARVALHO**

Autor: Roberto de Carvalho

Gênero: Romance Espirita
14 x 21 cm | 224 páginas

Proprietária de uma próspera fazenda, a família Trajano vive em conflito. Pai, mãe e filho são protagonistas de uma grave falta cometida na encarnação anterior.

Num cantinho da propriedade vive Joaquim, um abnegado médium curador que transforma a sua humilde residência na Cabana das Flores, um recanto de socorro espiritual.

O elo entre a rica família e o dedicado médium tem por objetivo reafirmar um dos maiores ensinamentos de Jesus: O amor é o princípio da caridade.

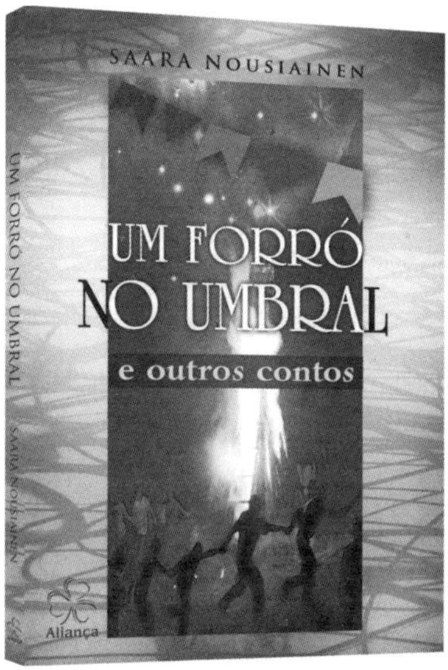

Autor: Saara Nousiainen

Gênero: Contos
14 x 21 cm | 160 páginas

Com seu estilo leve e agradável, por vezes divertido, a autora traz na trama desses enredos, verdades profundas que geralmente não são percebidas no cotidiano.

O conto é uma das mais excelentes e aprazíveis maneiras de se assimilar ensinamentos de forma marcante e duradoura. Por isso Jesus gostava de ensinar por meio de parábolas.

E é no relembrar dessas lições que vamos gerando no inconsciente as "memórias" que orientam nossas ações, e no esforço que empregamos para vivenciá-las, vamos ganhando terreno em nossa evolução e construindo para nós mesmos um futuro melhor.

Campanha de Preservação da Vida
EDITORA ALIANÇA
Tema: PREVENÇÃO AO SUICÍDIO

Tema: ABORTO

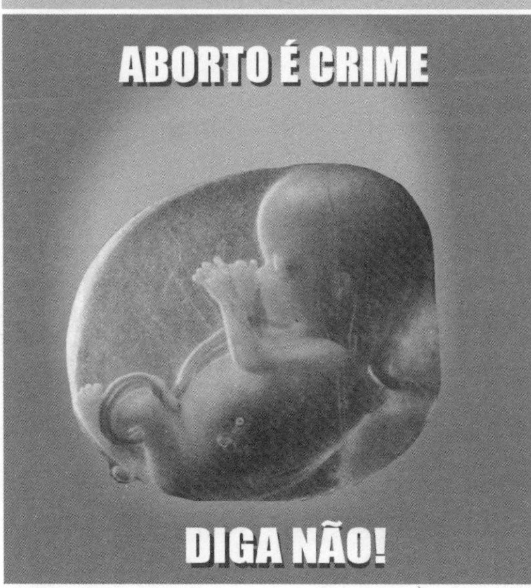